U0449149

大夏书系·数学教学培训用书

小学数学教师 5项修炼

XIAOXUE SHUXUE JIAOSHI 5XIANG XIULIAN

李玲玲 ◎ 著

华东师范大学出版社
全国百佳图书出版单位

小学校学習指導要領

目　录

序一　心存理想　扎根实践 / 1

序二　实践者·思考者·研究者 / 3

第 1 项　读懂孩子 / 1

1. 学习即成长 / 3

  1.1　孩子的精彩才是教师的精彩 / 3

  1.2　让孩子们学会"担当" / 5

  1.3　让"爱的鼓励"在课堂上响起 / 6

  1.4　每个人都有获得满分的机会 / 8

  1.5　优秀是一种习惯 / 10

  1.6　呵护孩子的童真 / 11

  1.7　学校教育要带给学生什么 / 12

  1.8　那些促进精神生命成长的活动 / 14

2. 多量出一些好孩子 / 17

    2.1　陪着你们长大是多么美好的事情 / 17

    2.2　只有改变自己，才能改变他人 / 18

    2.3　有难同当 / 19

    2.4　多量出一些好孩子 / 20

    2.5　今天你给了学生什么面孔 / 21

    2.6　别急，慢慢来 / 23

    2.7　多还孩子一点自由 / 24

    2.8　选择　学习　爱情 / 26

3. 不浪费每一个错误 / 30

    3.1　不浪费每一个错误 / 30

    3.2　教育，有时可以"糊涂"点儿 / 31

    3.3　分数不妨多点儿"人情味" / 33

    3.4　错误让课堂更加美丽 / 34

    3.5　让孩子们在遗憾中成长 / 36

4. 与家长建立富有成效的关系 / 37

    4.1　做家长的朋友 / 37

    4.2　与家长真诚交流 / 39

    4.3　关键时候给家长写封信 / 44

    4.4　在家访中增进家校感情 / 46

第 2 项　理解数学 / 49

1. 把握数学本质 / 51

    1.1　把握主要变化　领悟课标精神 / 51

    1.2　数学不仅仅要有"生活味" / 56

    1.3　数学和"技巧"是两回事 / 57

    1.4　数学教学要有长效眼光 / 61

2. 拓宽学科内涵 / 66

    2.1　落实三维目标，拓宽内涵 / 66

2.2 借助阅读材料，拓宽内涵 / 68
  2.3 捕捉"生成"资源，拓宽内涵 / 71
  2.4 创新作业设计，拓宽内涵 / 74

3. 探索自主之路 / 77
  3.1 "先学后教"实践之路 / 77
  3.2 预习，让课堂更精彩 / 79
  3.3 自主，让潜能变为现实 / 83

第3项　有效研究 / 85

1. 捕捉资源 / 87
  1.1 教学中的意外 / 87
  1.2 练习中的精彩 / 91
  1.3 学习中的困难 / 96
  1.4 听课中的感想 / 102

2. 深度思考 / 106

    2.1   进行调查研究 / 106

    2.2   进行比较分析 / 109

    2.3   提炼研究问题 / 117

3. 智慧分享 / 122

    3.1   备课有效 / 122

    3.2   教研有法 / 123

    3.3   网络助力 / 127

    3.4   讲座分享 / 135

4. 提升成果 / 138

    4.1   进行深度反思 / 138

    4.2   重视案例写作 / 141

    4.3   怎样写好案例 / 144

    4.4   积极争取发表 / 149

第4项　追随智者 / 151

1. 汲取力量 / 153

  1.1　教育要让谁满意 / 153
  1.2　聆听大师讲有效教学 / 155
  1.3　教学要培养学生的"大智慧" / 156
  1.4　教学应追求"悟其渔识" / 158
  1.5　当爱已成为习惯 / 160
  1.6　"王特"轶事 / 161

2. 引领思考 / 163

  2.1　追随智者是一种幸福 / 163
  2.2　公开课——教师成长的助推器 / 164
  2.3　"名师"与"好老师" / 165
  2.4　让教育还原为本色的教育 / 167
  2.5　教育需要一份静气 / 168

第5项　全面学习 / 171

1. 网络之旅：拓展学习的方式 / 173

    1.1　走进网络交流 / 173

    1.2　推广网络教研 / 175

    1.3　借助网络，我们可以走得更远 / 176

2. 读与写：一种丰盈的幸福 / 178

    2.1　阅读，在精神上实现突围 / 178

    2.2　写作，让阅读更有深度 / 179

3. 共同体学习：新的做学问之道 / 182

    3.1　关于青年教师成长共同体 / 182

    3.2　相约星期三，我们在研讨 / 186

后记　让我们一起修炼 / 189

序一 心存理想 扎根实践

余文森

李玲玲老师是福建师范大学课程研究中心的兼职副研究员，也是课堂教学研究团队的核心成员，几年间，我见证了她的成长，心里由衷感到高兴。

认识李玲玲老师时，她是福建省小学数学学科教学带头人培养对象，是南安市进修学校的一位小学数学教研员。她建立了个人网站"小数教研网"，通过网站推荐文章，引导交流，服务基层教师。后来又建立了教育博客"教研散记"，把自己的教育教学感悟归类发表，通过留言、评论等方式与一线教师进行互动。可以说，通过网络，李玲玲老师不仅与各地同行进行了广泛的交流，而且自身的教研能力也得到了很大的提升。

阅读这部书稿，可以感受到李玲玲老师是一个教育的有心人，不管是作为教研员，还是一线教师，她都能坚持思考与实践同行，并作了许多有价值的探索。从她的文章中，不管是育人过程中的感悟，还是课堂教学的收获，抑或对教育现实的思考，都可以感受到她在教育道路上执著地追寻，可以感受到教育这份职业带给了她充盈的幸福感。

案例研究是教师实现专业成长的推进器，是使教师能像医生、律师那样走向专业化的有效途径。从文章中可以看出，李玲玲老师不仅在案例研究的道路上起步比较早，收获比较大，还能把自己的写作心得与其他老师一起分享，她在各级各类培训班作了几十场"教师与教育案例"的专题讲座，连续发表了几篇关于如何写好教育案例的文章，在一线教师中影响很大。

作为教研员，李玲玲老师坚持撰写教研散记，通过这样的方式与一线教师进行交流，受到了很多教师的欢迎，而且这种欢迎化为一种追随，使得很多教师随她一起走上了研究之路。正是因为仍然坚持思考与实践同行，努力在实践中探索理念的落脚之处,李玲玲老师很快适应了新的岗位,成为一名学生喜欢、家长认同的好教师。《学习即成长》《多量出一些好孩子》……从她的文章中,我们可以感受到她已不仅仅把自己看成是一名数学教师,而且牢记自己的使命,做到教书育人,使自己成为学生成长过程中的呵护者、欣赏者、促进者。

当初聘请李玲玲老师做课程研究中心的兼职副研究员,正是看中了她具有学术引领的水平和网络交流的能力。制作个人网站、经营教育博客、管理博客群组、组织论坛交流,通过网络这种不受时间与空间限制的教研方式,李玲玲老师与全国各地的同行实现了更多的交流,也把自己的教育思考与更多的同行进行了分享。

让思考与实践一路同行!但愿李玲玲老师的《小学数学教师5项修炼》,能让更多的一线教师受到启迪,找出适合他们的研究之路,心存理想,扎根实践,在自己的岗位上进行修炼,走上自己的专业成长之路。

(余文森:福建师范大学教授、教育部福建师范大学课程研究中心主任、福建师范大学教师教育学院院长)

序二 实践者·思考者·研究者
——一位小学数学教师的成长故事

孔凡哲

2011年初秋,福建省厦门市专家型教师培养对象在东北师范大学培训,我应邀作专题报告,并受邀担任这个小型班中三位学员的指导教师。三位学员如约到我的办公室面谈,李玲玲老师就在其中。简短的寒暄之后,迅速切入主题——在持续两年的学习期间,三位学员究竟选择什么问题、作什么研究。我没有表态,而是想听听来自小学数学教学一线、在当地颇有名气的女士们各自的想法。记得李老师明确表示"期望作小学数学课堂教学研究"。我当然同意这种设想,问题的关键在于,如何研究,又从哪些角度开展研究。

在随后一个多月的脱产学习中,包括李老师在内的三位学员,与我的研究团队进行了深入的合作,尤其是针对小学数学教师应该具备什么条件、当前小学数学教师专业发展亟待解决的问题(诸如数学学科内涵缺失)、如何提高小学数学教育教学研究的实效性等问题,大家展开了细致入微的讨论和典型课例分析。渐渐地,我发现,对于数学教师及其专业发展,李老师有着自己的见解,虽然多数时间她总是默不做声,但是,当大家谈论起数学学科专业问题、有效教研的操作方法时,她的观点总是令人眼前一亮。特别是她与我系统地谈起《全日制义务教育数学课程标准》(实验稿)的修改时,作为访谈者,她的系列访谈问题也显示出一线教师的特殊期待。本以为这次即兴的访谈很快就会被淡忘掉,然而,一个月后的某个时间,已经返回厦门的李老师给我发来一封电子邮件,请我修改、确认那篇访谈录,并准备发表在《福建教育》杂志上。真是有心人!

长期以来，对于小学数学教师要具备怎样的条件才能胜任日常教学、小学数学教师如何开展常态的教学研究等诸多问题，大多数同行并没有准确答案。李玲玲老师的《小学数学教师5项修炼》对于其中的某些问题，则给出了她自己的诠释：

"读懂"学生，"读懂"数学，"读懂"教育，进而"读懂"课堂，的确是一位小学数学教师的看家本领。

不仅如此，在李老师看来，"追随智者"是一线教师快速成长的关键和要点，而"主动开展研究"是一线教师专业成长必不可少的"土壤"，"全面学习"则是一线教师可持续发展的关键。

细细品味李老师提出的小学数学教师的五项"修炼"，认真分析这位优秀教师的成长经历，我们不难发现：

"追随智者"其本质、核心在于"主动寻找专业引领"；而"主动开展研究"，即从研究者的视角开展日常教学，则是专家型教师成长的关键。

与此同时，具有合理的知识结构、能力结构，具备良好的数学专业功底和教育教学基本功，是从事小学数学教学的首要前提；同伴互助、专业引领是小学数学教师专业成长的两个核心途径；良好的反思意识、反思能力和适宜的反思时间、反思空间，是小学数学教师专业成长的另一个核心途径；强烈的成就动机和专业意识，则构成优秀教师区别于一般教师的重要特质。

我们期待着更多的小学数学教师，从这本书中受到启发、获得启迪，主动捕捉自己专业发展的机遇！期待有更多的小学数学教师能成为独具个人魅力的名师！

（孔凡哲：东北师范大学教授、博士生导师，国家基础教育实验中心副主任）

第1项
读懂孩子

"研究学生，读懂学生"是落实学生主体地位的基本保证和基础，不仅对学生的发展有帮助，对于教师的成长也大有裨益。

一名好的数学教师，应该是能够读懂学生，从学生立场出发看待知识，进行教育的，这就要求我们要把读懂孩子作为首要的一项修炼，在教育教学的实践中，既要蹲下来，又要看得远。

1. 学习即成长

1.1 孩子的精彩才是教师的精彩

在教学中，经常会被孩子们的精彩感动，于是想着每一节课都尽量创造一些机会，引导孩子们发现，并鼓励与众不同，然后用孩子们的名字来命名。实践了几次，得到了孩子们的热烈响应。于是，开始梦想到毕业时，我们班每个孩子都有以自己名字命名的"××规律"或"××发现"。那是多么美好的事情啊！以下分享两份来自孩子的精彩。

"逸凡发现"

练习课上，对"三位数乘以两位数"这一单元的一些思考题集中进行讲评。

"用0，2，3，4，5组成三位数乘两位数的乘法算式，你能写几个？你能写出乘积最大的算式吗？"这是课本中的一道思考题。教材的编写意图是让学有余力的孩子有拓展思维的机会。我觉得，这是一道值得充分挖掘的习题，可分为几个思维层次。

"先想一想，如果要写出乘积最大的算式，要从哪里考虑？"由于有了一些计算的基础，部分思维水平比较高的孩子能感觉到必须把数字大的写在前面，但到底怎样写，学生还是比较模糊。

320×54，540×32，430×52，420×53，520×43，530×42，…孩子们还是懂得把大的数字写在前面的。接着，我要求他们不用列竖式，直接判断并进行排除。"可以用估算！"我一直觉得让学生体验到估算的必要性比较难，这时学生却自己提出来了。于是，孩子们用估算的方法，直接把乘积是一万多的排除掉，只剩下五个算式了：432×50，430×52，520×43，420×53，530×42。0放在哪儿都是一样的。于是，我让学生分别进行计算，最后得出430×52的乘积最大。

我认为这道题还不能到此为止。于是，我让学生观察数字的特征，看能否发现什么，到底什么情况下乘积最大。

"老师，我发现两个最大的数不能在一起。"

"我发现是有规律的，老二和老三要连在一起，老大只能和老四连在一起。"

于是，我在各个数字上面标上序号，让孩子们更加清楚地认识到它们的大小及排列顺序。

有了这些发现，孩子们非常兴奋，还想继续往下探究，但下课铃响了。

课后，我开始反思这个细节。自己备课时并没有非常重视这道题，因为它不是对全体学生的要求。但课堂上孩子们的表现却让我越发觉得这样的题目有价值，最重要的是它有思维含量。

找个时间，再研究这道题，看看孩子们能不能找出其中的规律。

要使组成的两个数乘积最大，这两个数必须符合下面两点要求：（1）大数尽可能排在高位。（2）两个两位数的差尽可能小。反之，要使组成的两个数乘积最小，这两个数必须符合下面两点要求：（1）小数尽可能排在高位。（2）两个两位数的差尽可能大。

因为这个算式是逸凡同学首先写出来的，并且是在别人认同其他结果时一直坚持的。看来，又可以有一个"逸凡发现"了！

"开元格言"

"做朋友要像垂线，互相交流；做对于要像平行线，虽然不来往，但是你追我赶，互相超越。"这两句话，既很巧妙地把垂线与平行线的特征描述了出来，又对孩子们与人相处有着引导作用。于是，在学习"垂直与平行"时，我与孩子们分享了这句话。

课堂上，我把这句话投影到屏幕上，让孩子们齐读，边读边体会其中的含义。读第一遍的时候，很多孩子都笑了，大概他们也好奇冰冷的数学概念怎么也会有这样温情的表述。但让他们读第二遍时，他们郑重了许多。

孩子们读完后，我正准备继续讲课，忽然看到开元同学举起了手，便知道他有话想说。

"老师，我有补充。我觉得做朋友要像垂线，要做到那样正正直直的。""太好了！"我不由自主地为这个孩子喝彩！确实，仅仅用"互相交流"还不足以概括出垂线的特征，"正正直直"更能体现垂线所形成的直角在孩子们脑子中的印象。这也是垂直最本质的特征——"两条直线相交成直角时，这两条直线互相垂直"。

"开元同学补充得太好了。确实，做朋友要像垂线一样，正直诚信，互相交流，互相帮助。今天，我们又有了一条'开元格言'了！"孩子们赞许的眼光投向了这个可爱的孩子。

"做朋友要像垂线一样，正直诚信，互相交流，互相帮助。"这是我们班的"开元格言"，希望它能陪伴孩子们成长。

1.2 让孩子们学会"担当"

开学初，一般要求孩子们把练习本包上书皮，一来保护本子，二来便于教师登记成绩。有一个孩子迟迟未包，经了解，孩子说妈妈没空买，而且不让孩子自己买。在网上联系上该家长，聊到了这件事。我问她为什么不让孩子自己去买书皮，已经是四年级的孩子了，这样的事情应该自己做。家长说，之前曾经有过给孩子零用钱买文具，孩子却用来买玩具的事，所以就不再给了。我说，别剥夺了孩子成长的机会，孩子出现错误时要引导，否则，孩子永远也长不大。家长也承认自己是因噎废食了，表示今后要多给孩子锻炼的机会。

一次，年段要组织一个数学思维培训班，每个班有十个名额，利用周末时间活动，不收费。符合条件的孩子远远超过十个，因为是在周末，需要与孩子们课外报的特长班时间不冲突。于是，在班里布置了报名工作，让孩子们在规定时间里自行报名，然后再选拔。当天晚上，有几个家长给我留言，说孩子想报名。我一律回复，让孩子自己到黑板上登记号数，只有在那儿报名才算数。我还是那句话——"不要剥夺孩子成长的机会"。家长们看后也都理解了，隔天我一看，那几个孩子基本都榜上有名。

再说一件事。在网上布置作业是很多学校的做法，我校也是如此，其真正目的是向社会公示作业内容，接受监督，看看是否有不符合减负规定的做法。但实施起来，却几乎成了家长监督孩子作业完成情况的对照依据。这样就形成了一种现象——很多孩子不抄作业内容，反正有老爸老妈从网上代为转载。班级QQ群里也经常有家长代问作业的信息。这不禁让人感慨："到底是谁在学习呀！"因此，有经验的老师都会要求学生认真抄好作业内容，完成后自行打钩，老师每天或定期批改。事实证明，经常询问作业的孩子也就是学习习惯需要进一步养成的对象。

以上三事，只是从教育情境中随手拈来的几个小事例，据此我们可以反思一个问题："孩子们为什么没有责任心？"那是因为成人没有给他们担当的机会，连买书皮、报名、抄作业内容之类的事情都一律代劳，就更别提分担家务、照顾他人了。因此，为了孩子，要让他们学会担当，不要剥夺孩子成长的机会。

让我印象很深刻的是吉林第二实验学校实施的担当教育，他们在班级管理中实行岗位负责制，每个孩子都有担当，比如"擦黑板担当"、"排桌椅担当"，等等。类似的做法，很多学校也有，但经常见到的是用"管理员"来称呼。与之相比，"担当"一词，是否更有利于培养责任感呢？

"担当"一词在日本的教育、企事业培训中经常见到，意为"承担并负责任"。只有让孩子从小事做起，长大了他才能更好地担当家庭甚至社会的重任。而孩子的责任心，也在学会担当中逐渐得到培养。

1.3 让"爱的鼓励"在课堂上响起

第一次感受"爱的鼓励"是在几年前的武夷山。当时有一场教学研讨活动，大陆和台湾的教师同台上课。台湾方面上课的是台北市芝山小学的吕玉英老师，课题是"分数的探究"。

大凡上公开课，到了不熟悉的班级，老师提问时一般都是"你说"、"请你回答"等，大家也都觉得这是很正常的，毕竟不熟悉学生嘛。可是在吕老师的课堂上，只见她从头到尾手里都拿着一张纸，提问时先看一下，然后再叫"××，请你回答！"到后来，对一两个表现比较突出的孩子吕老师已能直接叫出名字了。在学生回答时，吕老师总是提醒："是你的观点，还是叙述别人的观点？"就是通过这样看似不经意的提醒，最后学生站起来总是会先说"我的观点是……"。原来,让学生学会说自己的话可以这么简单!

吕老师很喜欢叫学生上台说明自己的想法,鼓励学生画图帮助讲解。这个时候,她总是走到最后一张桌子那里,站着听台上的学生讲,不时地还会提出几个问题挑战台上的学生。每当重要的问题由学生回答时,吕老师总是会问其他学生"听得懂吗"。有听不懂的就请回答问题的学生再想想怎样说得更明白,或请其他学生来帮助,很少见到吕老师主动讲出来。每当有学生回答得精彩时,吕老师就会说:"给他来个爱的鼓励吧!"然后带头鼓起掌来,学生也跟着鼓掌。原来这掌声加了"爱"就变得这么可爱了。

活动结束后我曾写过一篇博文,用以记录自己对"爱的鼓励"的感动。没想到,隔天就读到吕玉英老师的留言:"感谢您们的爱的鼓励,有了爱教育就有信心,有信心就有希望,为孩子营造学习的环境,创造学习的机会,就是给予孩子更长的回忆。长长的回忆,短短的相聚,无限的思念。"吕老师朴实又充满诗意的回复让我也感受到了爱的鼓励。

第二次感受"爱的鼓励"是在 2010 年。我校几个老师带着二十多个孩子进行为期一周的赴台交流活动,其间访问了两所学校,还进行了环岛旅行。带着这么一群充满活力的少年出门,带队老师的压力之大是可想而知的。而导游 Amy 帮助我们减轻了许多负担。只要她在场,孩子们的组织工作就基本由她负责。她已年过四十,却要孩子们称她 Amy 姐姐。随着交流的增多,我们也了解了一些她的情况。她是三个孩子的妈妈,但身材却保养得犹如少女,脸上化着妆,让人感觉恰到好处。她原来在台北市政府一个与教育相关的部门工作,也曾经担任过一位竞选台北市长的议员竞选办公室成员,但最后,她选择了当导游,因为这是她的爱好。因喜欢而工作,或许,这就是她青春长驻的奥秘吧。

Amy 姐姐让孩子们言听计从的秘诀又是"爱的鼓励"。见面的第一天,她就在车上训练孩子们怎样表示"爱的鼓励"。这比以前听过的吕玉英老师课上的表示方法更加有力量。鼓掌是用节拍,最后再辅以"HOU 嘿"结束,节奏干脆利落,声音响亮有力。每次活动结束后,Amy 姐姐都会组织孩子们进行评选,哪些表现得特别好,就全体给予爱的鼓励。更令人感动的是,她还引导孩子们要有感恩的心,比如司机伯伯陪着大家,以精湛的车技带领大家环绕台湾海岸公路,比如老师们要照顾大家的饮食起居,非常辛苦。她都用讲故事般的语言,让孩子们不仅感受到爱的鼓励,也乐于送出爱的鼓励。

在教学中,我也尝试着把这种带有"爱的鼓励"的掌声引到课堂上。比如,一节课中曾出现过四次掌声。当我在班上说"今天的作业全部交齐了,要感谢科代表与小组长们,感谢他们的付出"时,教室里响起了掌声;当我把书写工整、卷面整洁、用心作答的孙同学的作业在展示台上展示时,又一次响起了掌声;当我把最后两道难题留给愿意上台的同学讲解时,柯同学上台一讲解完,掌声就响起来了;当最后一道题目我用板书证明可以有更简单的方法时,孩子们为我鼓起了掌。

应该说明的是,这个鼓励的习惯不是我培养的,最初接班的时候,当课堂上有同学发言精彩时,我注意到有些孩子已经自然地合掌要鼓掌了,但看到老师(我)没有响应,就又把手松开了,但我经常听到语文课上有孩子自然地为其他同学鼓掌。于是,在我的课堂上,我也逐渐习惯了用掌声来表扬一些特别优秀的同学,逐渐习惯了与孩子们共同用掌声来表达自己真诚的赞扬。

这些掌声不是来自老师的指令,不是整齐划一的,甚至不是响亮的,但让人听了却觉得舒服,因为它们是从心里拍出来的。也许掌声在课改的课堂上已经不新鲜了,但我觉得这样的掌声于课堂仍然是一味调味剂。

"爱的鼓励"竟是如此神奇!其实,这就是教育本来应该具有的"特色":尊重学生,鼓励学生,师生平等,重视学生的独立性、个性发展,从学生的学习出发,以学定教,等等。由于文化背景、教学环境的不同,还有自身教学风格的选择,如果照搬"爱的鼓励"之形式,可能就会形成"东施效颦"的尴尬局面。然而,在鼓励中加入"爱的味道",让鼓励如春风化雨渗入学生的心田,却是每一位为师者均应修炼的道行。让"爱的鼓励"经常在课堂上响起!

1.4 每个人都有获得满分的机会

一次模拟考试,卷子是上一年五年级的学校统一命题考试卷,考试的情况还是令人欣慰的。最让我担心的那些学困生这次倒比较争气,两个班只有一个人不及格,达到优秀等级(90分以上)的人数也有不少。特别是两个班出现了5个满分的,这也是非常不容易的事情。以自己以前在教研室命题的经验来看，实小的考卷一般都会有几道比较有难度的题目。这些孩子能考满分，主要是由认真细致的习惯决定的，而这正是我一直对孩子们强化的。因此，我决定好好利用这些满分资源。

四班有三个人满分：庄、易、颖。两个男生是本学期第一次考满分，而颖则在第一单元考试中就得了一次两个班级中唯一的满分。走到四班，我先作了一个调查："早上的考试，现在成绩已出来了，认为自己在考试中能做到细心做题、认真检查的请举手！"不一会儿，有七八个同学举起了手。我环视了一下，三个满分的都在举手同学之列，心里暗喜，资源来了。我早上已了解到易同学做完之后检查了三遍，每次都等于将整张考卷重新做了一遍。因此，我着重介绍了这件事情，然后将眼神送给一些因考试时没认真检查而成绩下降的同学。这时有些同学不敢直视我了，特别是两个优等生，这次成绩掉了很多，平时我就感觉他们的心态比较浮躁，但愿经过这次挫折他们能够改变一些。

五班有两个人满分：熙、林。两个人都是女生，本学期从来没有考过满分，而且林的数学学习在班里至多算是中等水平，这次算是超常发挥——前一段时间她还因成绩退步被我告知要好好反思。五班是一个非常活跃的集体，一些男生很聪明，谁也不服谁，于是，我想借这次考试做些文章。

走进班级，讲评完考卷中错误较多的题目后，我拿起考卷，孩子们迫不及待地等着我叫组长发考卷。看着他们都安静下来，我开始做文章。

"今天，老师先不发考卷，出一个问题让你们猜。"

"好啊！"

"这次考试我们班有两名同学考满分，你们猜是谁？给你们五次机会。"

"渊。"（数学科代表，本学期数学竞赛年段第二名，平时成绩非常稳定，难怪孩子们第一个就想到了他。本次98分。）

"轩。"（另一个数学科代表，数学思维非常活跃，常常能在课堂上提出一些与众不同的观点，虽不够细心，但成绩也比较优秀，孩子们想到他也是很有道理的。本次93分，但因没写姓名被扣掉10分。）

"煜。"（在数学竞赛中表现优秀，年段前五名，在课堂上思考问题的角度比较独特，常能有简捷的思路，但女孩子常有的细心她却比较欠缺。本次96分。）

"嘉。""曼。""正。""翔。"……孩子们说的都是一些平时考试成绩优秀的同学，但都被我摇头否定了，于是，孩子们停下来等着我公布结果。

"第一个，熙。"

"哇！"一片惊呼，接着响起一大片掌声。我稍作停顿，看着孩子们急切的眼光，一直想笑。

"第二个，林！"

"哇！"伴随着一阵惊呼声，这次掌声更加热烈，而林可能是因为过分激动，受不了同学们的赞叹，用双手捂住了脸。

等到同学们比较平静时，我说："刚才同学们猜的这些同学都是学习非常棒的同学，这次考试成绩也很优秀，但因种种原因离满分还有一点距离。所以，学习不仅是靠聪明，更重要的是要有认真细致的习惯。"

"为什么刚才同学们没能猜到这两个同学呢？因为她们平时没有得过满分，而这一次她们由于在课堂上积极参与，老师布置的作业都能高质量地完成，考试时又特别细心，所以得了满分。老师也为她们高兴！同时，希望大家记住，每个人都有获得满分的机会，只要你肯努力！"

我不知道这件偶然的事情是否具有积极的教育意义，但我想通过这样的活动让孩子们明白：成功不是个别人的专利，每个人都有获得满分的机会！

1.5 优秀是一种习惯

在六年级孩子的年段主题教育活动中，五个毕业于实小、考入厦门外国语学校、现在又被保送到大学的大孩子来给学弟学妹们作报告，这也是他们开展的"回馈母校"系列活动之一。五个孩子分别被保送到清华大学、外交学院、北京外国语大学、上海外国语大学、重庆大学。每介绍一个，孩子们就不由自主地发出"哇"的赞叹声并报以热烈的掌声。在其他孩子还在忍受着黑色六月带来的痛苦时，他们已提前拿到了大学的录取通知书，而他们的努力是陪伴着他们的整个学习过程的。

五个孩子的汇报分别围绕学习习惯、增长见识、积极参与及英语学习等主题。看着他们在台上落落大方、侃侃而谈，听着他们的学习心得体会，我在为这些优秀的孩子喝彩的同时，也从他们身上感悟到很多东西。

优秀是一种习惯。这些孩子在介绍中，都表达了对实小培养了自己良好学习习惯的由衷感谢。正是因为有了良好的学习习惯，所以他们在竞争非常激烈的外国语学校能取得比较高的学习效率。

对自己高标准，严要求。让我特别感动的是那位被保送到清华大学的孩子说的一句话——"我们是学生，学生是不分年级的，初中也可以看看大学的书"。这是怎样的一种学习状态呀！他玩电脑，但玩之前一定先读一本相关的课外书；读英语，而对英语的认识是"英语是拿来交流、拿来用的，而不是用来考试的"。所有这一切，都是他自己制定目标并积极完成的。

年段交流后，五个孩子又主动提出到班里跟孩子们面对面交流，因为在年段集会时互动不方便。刚好，被保送到清华大学的这位大家公认讲得最好的学兄来到我们班，孩子们用热烈的掌声欢迎了他。

"你认为作为一个清华人，应该具备的素质是什么？"冰提了这个问题。看来"清华"两个字已经触动了她。"我认为第一要积极交友，第二要学习优秀，第三要强身健体。"

"这些学弟学妹们要参加毕业考试了，请你根据自己的经验给他们谈谈如何发挥出最好水平。"黄老师也提了问题。"冷静、踏实、放松、谨慎！"班里又一次响起了掌声。

孩子们积极性很高，提了好多问题，而且能比较认真地倾听学兄的发言。可以看出，今天这些学兄学姐们确实打动了他们。

"希望六年后我们班也会有优秀的同学到这里来给学弟学妹们作报告！"我表达了我的期望。

当天晚上家访时，与孩子、家长们谈论起当天的活动，我感受得到孩子们的触动。宁的妈妈说宁从来没有放学后回家就做作业，但今天刚放学就开始做作业了，但愿这能成为一种习惯。

优秀是一种习惯！与孩子们一起倾听着、感动着、期待着……

1.6　呵护孩子的童真

同事在改作业，突然发出一声惊讶的声音："这个孩子答得这样有个性啊！"我凑过去一看，原来是一道二年级语文的拓展题——了解台湾并谈谈"你有什么愿望"。这个孩子答道："我想去看看阿里山的姑娘到底有多美。"

我不禁大笑，多可爱的孩子啊！

再翻翻其他学生的答案，写"我想去台湾景点玩一玩"的比较多；有的孩子写着"希望台湾越来越好"，令人感动；而有几个孩子写着"希望台湾早日回归"。

由于没有了解孩子们的真实想法，而作业是孩子们在家里完成的，不排除有些答案有成人的思维痕迹，或许"盼回归"就是在家长引导下得出的答案。

这让我不由得想起两件事。有一次考试时有这样一道题："雪化了变成什么？"一个孩子答"变成了春天"，被老师判断为错误。有一个老师在上公开课，主题是关于春天的。他引导孩子想象春天有多么美丽，培养他们对春天的喜爱之情时，突然有一个孩子说："我不喜欢春天。""为什么？""因为春天整天下雨，到处湿漉漉的，都不能出去玩。"显然，这个答案跟老师的预设相差太远，于是，老师就使劲地将这个孩子往自己的思维方面引导，但直到下课，这个孩子仍然坚持认为春天并不美丽。

在教育中，如果坚持非此即彼的思维，往往会让自己走入尴尬的局面。雪化了变成什么？变成"水"是最直接的答案,但孩子的回答"变成了春天"能不能理解为充满诗意的回答呢？春天在很多人眼里固然是美丽的，但南方的春天有时雨下得人的心里都快发霉了，尤其是对于那些渴望到大自然中放飞天性的孩子来说，"春雨贵如油"是他们还不能体会的。那么，他暂时不喜欢春天又有何妨呢？

"想想还是我们的职业好啊，每天和孩子们打交道，还能欣赏到这么多童真童趣。"同事边改作业边发出了感叹。孩子们的世界是纯洁的，但愿我们能给他们多一些空间，呵护这些充满童真童趣的想法，让他们的童年多留下一些美好的回忆！

1.7 学校教育要带给学生什么

学生颖从加拿大回来参加毕业考，这是她出国之前就跟老师提出的请求。虽然学籍已转出，但学校还是满足了孩子的愿望，剩下的这几天让她再与相伴多年的同学一起学习，一起参加考试。

颖是五年级暑假跟随家人移民到加拿大的，她原来就是个学习认真、成绩优秀的孩子，到了加拿大以后，除了参加当地学校的课程学习，还让家长从国内把六年级的教材带过去，她要在家里自学。在平时的交流中，我知道她不仅学习中加的学校课程内容，还去参加游泳训练，学武术，学钢琴。

才到学校上课两天，颖就与同学一起参加了模拟考试。似乎对自己信心不够，颖在试卷上写着："希望能上80分！"而最后她的得分是91分，我在试卷上给她写上："你很棒！"确实令人感动，虽然这张卷子的难度不是很大，但这个分数在班里也算是中上水平了，而颖却是只凭着自学教材就基本掌握了学习内容。我在班里用颖来勉励同学们，特别是那些总以为学习是家长、老师的事的孩子，以及那些总要别人追着帮助他（她）的孩子。

只凭自学教材或者家长帮助，孩子就能基本掌握课本知识。那么，孩子到学校来学什么呢？我们的学校教育有没有浪费孩子的童年呢？这是颖带给我的思考。我认为，孩子到学校绝不仅仅是来学知识的，否则，许多学历高的家长就可以完成此项任务。我认为，学校教育至少要致力于培养孩子的"四会"。

会学习。这是学校教育的首要任务，它不仅仅是指学习知识，还包括学会如何学习。学校要致力于培养学生的各种学习能力，并且能让学生带走，真正为学生的后续学习打下坚实的基础。这就要求教师在教学中要遵循"严、实、精、活"的教风，向课堂要效率，努力给孩子更多的思考、交流、评价的空间，让孩子在学习中学会学习。

会锻炼。我校的体育课不折不扣地执行着课程要求，每天保证孩子一个小时的锻炼时间。虽然校园空间有限，但大课间活动仍然有序进行，每到这个时候，孩子们跳长绳、踢毽子、做游戏，校园里就是一片欢乐的海洋。在学校执行课程计划的严格管理制度下，体育课、活动课、大课间活动这些孩子的最爱得到了很好的落实。

会交往。曾经有个报道——某知名作家因对学校教育的质量不满，就把孩子放在家里自己辅导，对此各方人士褒贬不一。我认为这位作家把学校教育想得太简单了，以为就是学知识。学校是个小社会，需要孩子学会与人交往，哪怕是孩子之间的吵架，也是一种成长过程中必需的经历。如果只是把孩子放在家里，从小就不让他接触小社会，长大后他又怎样适应大社会？

会审美。审美教育应贯穿在学校的各个课程中，主要是音乐、美术。从小接触艺术，播下种子，能陶冶情操，提升气质。而且这些课程可以给孩子提供更多的锻炼舞台。我校有个音乐老师，他的学生到音乐教室上课进门前都是先鞠躬再进去，哪怕那些非常淘气的孩子也是如此。这位老师说，要让孩子从小对艺术有敬仰之心！

学校教育应该是丰满的、立体的，而不是单薄的、平面的。学校教育的每一项活动，都可能蕴涵着许多教育目的。而每一项活动，都要首先考虑到孩子的年龄特征、心智水平，以及是否有利于孩子的健康成长。

"为了每一个孩子健康成长，为了中华民族的复兴"，课改的这个核心理念，应该依托具体的活动落到实处，而不能变成一句美丽的口号！

1.8 那些促进精神生命成长的活动

学校的老师们总是特别忙碌，因为除了正常的教育教学外，还有很多活动，我在这里讲述一下让我有不少感悟的集中在一周里的几场活动。

这周周一的早会，是2012年体育节开幕式，由我主持。学校每年有四节一会，其中跟体育相关的有体育节和运动会，分布在两个学期。体育是我的分管学科，这是一门越来越受到重视的课程。按照省颁课程设置，低年级每周四节、中高年级每周三节，除此之外，当天没有体育课的班级，在下午第三节课安排体育活动，加上上午的大课间活动，保证了每个学生每天在校锻炼一个小时。虽然时间得到了保证，但更需要质量上的提高，因此，学校要求大课间活动所有的老师都下到班级，督促指导孩子进行锻炼，把孩子的锻炼摆在非常重要的位置上，而体育节、运动会就是检阅各班锻炼成果的平台。除了个人竞技项目，还有很多亲子比赛、集体比赛，努力扩大参与面。在今年的体育节开幕式上，武术和健美操兴趣组的小队员进行了表演，虽然他们的功夫都还比较稚嫩，但他们认真的表演赢得了观众们热烈的掌声。特别让人感动的是，最后发言时我引用了古希腊的格言——"如果你想变得强壮，跑步吧；如果你想变得健美，跑步吧；如果你想变得聪明，跑步吧"，台下的孩子非常给力，用响亮的声音进行了互动。

周一上午体育节开幕式余温未散，下午就进行了一场和消防中队合作的逃生演练。这次演练很逼真，楼道中有烟幕弹，孩子们在老师的带领下掩鼻有序离开。据王副校长说，这次逃生演练是历次最好的。我们总希望世界是和平的、生活是安全的，但人生无常，只愿孩子们遇到意外情况时，内心不那么惊慌无措，能够找到一线生机。在演练中，孩子们观看了消防官兵利用梯子救人和绳索自救的情景，自发地响起了阵阵掌声。

"同一天，两场大型活动，庄严与活泼，考验着教育者的智慧。"这是我写的QQ签名，用以描述周六的情况。由于客观条件的限制，祭扫烈士墓和春游不得不安排在同一天。在行政会上讨论时，大家一致觉得这个挑战很大，担心孩子们会在祭扫活动时想着春游，心静不下来。有了这样的风险意识，学校领导多次强调，要求老师们加强引导。两场活动结束后，孩子们的表现让大家觉得很欣慰。春游时，我跟着四年级孩子到了科技馆，有些孩子是第一次来，对什么项目都觉得很新奇；有些孩子已来过多次，但与小伙伴们一起活动，却有一番不同的感受。

午餐时间，孩子们拿出自带的食品并互相分享。"老师，尝尝吧，这是我妈自己做的。""老师，这是从美国带回来的。""这是我自己做的寿司。""哇，你太厉害了，还会做这么好吃的寿司。"孩子们的热情让你不忍拒绝。于是，我将自己带的套餐中的两块鸡翅，一块给了南——一个很内向、不爱与人交流的小女孩，想让她知道老师特别关注她；一块给了凯，因为吃了他的不少寿司。"谁没有水了，老师的可乐可以赞助！""老师，我要！"没想到一下子递过来好几个杯子，一人倒几口，一杯可乐竟然分给了五六个人。

走出教室，看到的是孩子们的另一面，特别阳光灿烂的一面。没有围墙的学校，可能永远只是童话，而为学校多开几扇"窗户"，让孩子们呼吸到更多的新鲜空气，则是当前教育可以做的事情。只可惜，"安全"可以成为理由，让有些人想做也不敢做。厦门的孩子是幸福的，据说那天到科技馆的就有两千多人，其他很多学校也组织了春游，让孩子们走进真正的春天。尽管只是那么一天。

周日，接待了香港北角官立小学的交流考察团，我陪着听了两节课。此外，市教师课堂教学创新大赛的课题正在公布，要在一周后交教学设计，而设计直接关系到选手能否进入第二轮比赛。十一个学科，每个学科一个选手、两名指导老师，共涉及三十多个老师，还不算一些帮忙者。时间急，任务紧，选手和指导老师只能利用课余时间进行研讨。

有的时候，大家也会有活动可以少一些的想法。因为多一次活动，老师们就要多几分付出。而活动频繁，也会影响到孩子们的课堂学习，很多老师反映，这段时间孩子们在课堂上躁动多了。"教育就是通过各种活动促进人的精神生命成长。"读到这样的话语，我豁然开朗。如果只是在教室里学习教材，那只是教学，远远不是教育。

　　看不见的东西，往往比看得见的东西更为深刻。我们应该做的，是反思每次活动的得失，权衡每次活动的利弊，让每一次活动真正促进学生的精神生命成长。

2. 多量出一些好孩子

2.1 陪着你们长大是多么美好的事情

晚上吃饭时,电话响起,是刚毕业的学生玮打来的。她说她在学校,还有十几个我们班的同学。因为没有事先约定,小学下班又比较早,而中学的放学时间又比较迟,所以没能和孩子们见上面,跟他们在电话里说了几句话,就赶紧催他们回家吃饭了。"老师,周一记得看你的信箱。"这些可爱的孩子,不知又写了什么让我感动的话语。

教师节已过了几天了,因为这几天事太多,虽然心沉浸在过节的感动与快乐中,却没办法梳理自己的情思。与许多同行一样,在这段时间里,为师之乐被成倍地放大。

"老师,你放学后不要回家,我们要去看你。"已升入初三的孩子们,变化很大,但略显成熟的脸上还挂着曾经的纯真。进入紧张的初三阶段,孩子们都感觉到了压力的增加,祝愿这些可爱的孩子明年中考能实现自己的理想。

"老师,千言万语还是那句话——谢谢您!"朴实的话,同样地暖人心窝。这个多愁善感的女孩子,前不久遇到了一个情感方面的小插曲,在网上跟我聊了几次后,有一天告诉我:"老师,我已经放下了,要全力备战中考了。"相信明年她传来的定是佳音。

"老师,虽然我不是您最出色的学生,但您是我最敬爱的老师。"看到这句话,眼角有点湿润。这是一个学习中等的孩子,曾经因为上课爱讲话、作业屡犯同样的错误而挨过不少批评,但在刚离开小学几天后却用这样善解人意的话语感动着我。

"老师，祝你节日快乐！喜欢你的越。"才几天啊，这些小不点我都还不能叫全他们的名字，他们就在节日里给我送来了一份又一份的感动。接了一个三年级的班，已经很久没教低年级了，看到这些可爱的小脸蛋，心自然就软了下来，感觉自己说话也温柔了许多。

……

还有很多很多，当面的祝福、卡片上的祝福语、鲜花的芬芳……这几天，每个办公室都成了花的海洋、爱的世界了。

"上帝会特别偏爱你的孩子，因为你对别人的孩子也那么好！"这是一位同行的学生家长送给她的话。我愿意用这句话来勉励自己。

每个孩子都是一个可爱的小精灵，而陪着他们长大，是一件多么美好的事情。

2.2 只有改变自己，才能改变他人

一位学生在QQ上给我留言：

两小并非无猜（学生网名）：老师，我们语文学习小组是有竞争的，我们组的分数很低，××他们组分数最高，我真的很不服，而且我这个人好胜心太强了，我这几个晚上心中都很烦，怎么办？

以下是我的回复：

有比赛就有名次的先后，为什么自己组的分数最低？我想最重要的是分析原因，而不是一味不服，搞得自己心烦意乱，影响学习。

设置学习小组是为了促进大家互相帮助，使好的更好，差的进步。而让你感觉到烦是因为你的责任心强，你希望通过自己的努力使小组情况得到好转，但如果你因此影响了自己的情绪，必定就会影响自己的学习效果，这与老师的初衷也是相违背的。你说呢？

学习小组之间虽然比较平衡，但还是存在差异，因此，有可能同样的付出不能获得相应的回报。

我的意见是，重视过程，比如你帮助哪个同学，只要通过自己的努力，使他有了些许进步，而且自己比较尽力，这样，你就完全可以

坦然地接受分数低的结果。老师是不会怪你的！

你们正处于学习阶段，又有这么优越的学习条件，好胜心强是一件好事，这可以促使你们之间有效竞争、学得更好！我们班确实有许多同学是值得你当成竞争对象的，比如用心的艺伟、灵活的汇泽。但好胜心如果太强，反而会使自己浮躁，使自己的期望与实际不相符。

今天，才给你们讲了"静能生慧"的道理，在老师眼里，你就是一个能静下来的人。但这段时间，我觉得你有些进入不了状态，你的作业、考试成绩就给了我这样的感受。因为事情太多，我还没找到时间与你聊聊，希望你能自己先找找原因。

自己先进入状态，然后以良好的状态影响身边的同学，只有改变自己才能改变他人！

这是你目前需要明确并努力的，老师相信你！

你的朋友：李老师

2.3 有难同当

学校图书馆为每个班级配备了图书角，每个学期都可以由班级向图书馆借出规定数量的书，方便同学传阅。毕业考试即将来临，这些书也应该还了，但清点过后，发现少了五本，去处也无处可查，两位图书管理员多做了事又要挨批评。也只怪自己平时指导与监督不到位，致使她们的工作出现了问题。按照学校的规定，图书借出丢失的，赔偿时应该按书价的三倍计算，我想以此来教育孩子们要爱护书，保管好书。

问题已经出现了，我没有过多指责两位图书管理员，我在想，这些丢失的书应该怎么办？如果要赔，应该由谁来赔呢？

咨询了学校图书馆的相关老师，得知可以用同样的书来代替归还。这就意味着如果能买到同样的书，就不用三倍赔偿了，这样的生意，孩子们都算得很精明。于是，家长资源这个时候发挥了作用，鑫同学的妈妈在新华书店工作，我急忙抄了书名让他带回去请妈妈帮忙，然后也给他妈妈打了电话。反馈回来的消息让大家都很高兴，五本书都找到了，并且能马上买到。

书的问题解决了，但钱由谁来出呢？五本书一百元左右，这为数不多的钱，让作为班主任的我来付也不会觉得很为难，但我总觉得这样简单地付这笔钱似乎不是很妥当。于是,在一次早会课上,我把这个问题抛给了孩子们,让他们说说"这笔钱要由谁来出"。

"应该由管理员出,因为是她们失职造成丢失的。"马上有孩子提出来。"我认为这样不妥当,因为图书管理员虽然工作有失职的地方,但她们是无偿地为班级服务的,而且大部分工作都是做得非常好的。"听到我这样说,其他同学就不敢再提这个意见了。

"我们可以捐款,每人出一点。""对了,有难同当嘛!"……看着孩子们热情的样子,我心里暗喜,把这个问题抛给他们还真是对了。

"有难同当,既然我们是一家人,我也认为这个问题可以由大家共同承担。我的意见是,想要与大家有难同当的同学每人捐出一块钱,不足的部分由我来补齐。必须是自愿的,如果有困难或不想捐,不强求。"

当天下午上学后,各个小组长把组员捐的钱收上来,总共五十多元。我看了一下名单,大部分是捐出一元,有几个捐出五元,也有些孩子身上没带钱所以没捐,还有些孩子不想捐。对于这些没捐的,我让小组长不要再催他们,其余的由我来出。

这个问题解决了,我觉得很快乐。这份快乐并不是源自少出了几十块钱,而是因为有了一次与孩子们"有难同当"的经历。

多年后,回忆起往事,不知这些孩子是否还会有"有难同当"的记忆?但我想,我会的,这份来自孩子们纯真而又可爱的感动,一定会经常温暖我的心田!

2.4　多量出一些好孩子

> 人有许多种子不能发展。我们的责任便是设法使这些种子生长,平均地发展他的各种自然禀赋。
>
> ——[德]康德

就要期末考试了,交代一个上课经常需要提醒、作业错误不订正的孩子放学后留下。我在办公室等着。

这个孩子来了,拿着一个本子,说是邻桌一个孩子的抄作业本,忘记带回家了,他家刚好在那个孩子家附近,他想帮忙带回去,而且说那个孩子可能还在路上，想追出去。为了安全起见，我交代他回到家时再打电话让对方来拿。

这个孩子很聪明，只是由于听课习惯太差，知识缺漏很多，所以作业出了错。但讲解起来并不费力，我没有花费多少时间就订正清楚了。我打了个电话给他的家长，然后让他自己回家，并交代他回家后打个电话来。

不一会儿，电话响了。我心想，这孩子怎么这么快呀！"李老师，我在传达室，碰到扬的奶奶，说他的语文书没带回家。我到教室找到了，拿出来却找不到他奶奶了。""你把书放在传达室保安叔叔那儿吧。她如果来了，就可以拿到。如果没来，明天再拿到班上给扬。""好的，老师再见。"

走在回家的路上，电话响起来了。"老师，我到家了。扬的奶奶后来又来了，把书拿回去了。""你真棒，今天做了两件好事啊！""老师，再见！"听得出来，孩子是非常高兴的。

直至晚上，我仍不时地回味着这两件小事。如果用一般的眼光来衡量，他绝对不是老师期望的那种好孩子。他上课分心，喜欢插话，影响周围的同学；作业应付，订正被动，学习成绩自然好不到哪里去。

但是这个孩子，对别人的事情那么热心，而且，那种帮助别人快乐自己的心情是那么自然地流露出来。这样的孩子真的非常可爱！如果我们把成绩那个秤砣稍稍移开一些，放进一些人性中应有的真诚与善良，多一把尺子，多几分胸襟，我们眼中的好孩子就会多很多。

什么是好孩子？我一定要把自己的感受讲给孩子们听。

第二天，也就是期末考试的前一天，虽然只有一节课的复习时间，但我仍然把这个故事讲给孩子们听。我事先没说这个孩子的姓名，而是讲了那两个小故事，最后才说出孩子的姓名。听完我的话，全班孩子自发地鼓起掌来，那种发自内心的掌声，尤其感人。我很欣慰能将自己的感动传递给孩子们。

2.5 今天你给了学生什么面孔

其实，这位家长在我的博客留言中转载的余文森教授的这篇文章我早已读过。

老师，今天你给了学生什么面孔

身为学生、教师或家长，也许都有这样的体会：当老师一脸阳光地走进教室时，学生们的心情就会很舒展，很轻松；当老师一脸怒气地走近他们时，学生们则噤若寒蝉，生怕自己撞到老师怒气的枪口上；老师在课堂上以热情的语气肯定学生，以赞赏的眼光激励学生，他们的心里就会充满幸福与喜悦，他们就会表现得很兴奋；老师指责、挖苦、嘲讽学生，则无疑会给他们心灵的天空蒙上一片沉重的乌云。

老师们能否做到每天微笑面对学生？孩子犯错误的时候应当示以何种面孔？态度的好坏又能否与工作的成败画等号？……希望大家从不同的角色和角度出发，畅所欲言，探讨教师态度对学生的影响。

（摘自余文森老师的博客）

我为家长对教育的热忱而格外感动。读着家长转载过来的余教授的这篇文章，我的感受更深。因为这是家长转载的，代表了家长的某种诉求。

"今天你给了学生什么面孔？"尽管忙碌，但我一直追问着自己这个问题。现在，似乎有些明朗了。

今天你给了学生什么面孔？今天，我给了学生真实的面孔。这个真实，就是老师也是人，也有喜怒忧乐，而在学生面前表现出来的喜怒忧乐，必是与他们相关的。

老师们能否做到每天微笑面对学生？我目前没有做到，但会努力。预备铃响起时，我会站在教室门口，面带微笑注视着孩子们，哪个孩子没做好课前准备，我会用眼神提醒他。除了每节课35分钟的相遇，在作业中与孩子们交流也是一件很美好的事情。孩子们的作业既书写漂亮又回答正确时，我就给加个星，特别优秀时再画个笑脸，让自己和孩子们都有个好心情。课堂上我愿意留出更多的时间，成全孩子们的精彩。比如颁发了一张"优秀提问奖"，并表达了自己的期望，今后我将用更多的奖项来回应他们的精彩。

老师也会生气，但不能乱发脾气。一天，作业发完后仍有一本无人认领，这本作业一看就是应付完成的，书写很潦草。我叫了几个孩子来认领，结果他们都否认是自己的。于是，我向全班展示了这本作业，仍然没有孩子认领。待到我发话"等会儿要一个一个检查，看谁没发到作业"时，终于有个孩子承认是他的。这下，我更生气了，我怎么也无法把这本作业跟他联系在一起。也许看到我很生气，这个孩子低下了头。而我只是说："我非常严重地批评你，你让我失望了。"

下课后，我把他叫出来。"你知道老师为什么那么生气吗？""知道。"他点点头。"为什么？""因为我的作业不应该是那样的。""好。不要再有下一次了。"孩子都是很聪明的，不需要讲太多道理。我这样生气之后，这个孩子的作业又恢复了原来的良好状态。

当然，以真实的面孔对待孩子，有一个很重要的基础，那就是必须取得孩子的信任。这样，你的喜怒忧乐就是孩子的喜怒忧乐了，你偶尔生气，甚至有时处理问题不够妥当，都可以找到适当的机会弥补，而孩子们也会理解的。

我一直以为，当教师是一项修行。目前我还会生气，那是因为修行得还不够。于是，我继续修行，以自己虔诚的心，走好前面的路。

2.6 别急，慢慢来

"回来了？""是的。""还好吧？""事情一大堆。""别急，慢慢来。"培训归来上班的第一天，上课，改作业，处理杂事，忙里偷闲看了一下QQ，于是有了上面的简短对话。远赴澳洲考察的朋友，难道在千里之外透过荧屏也感受到了我的匆促与焦虑？让我顿时安宁下来的，就是朋友送来的这三个字——"慢慢来"。

分别40天后与孩子们重逢，通过各个渠道我知道了孩子们渴望我回来的心情，我也在心里对自己说："无论如何，今天都不生气，不批评任何一个孩子。"或许受到"周一综合征"的影响，有个孩子有些坐不住了，我看过去，他就收敛了；一会儿他又忍不住转过头去，我盯着他，他的同桌悄悄地碰了他一下，我很喜欢这样可爱的同桌；讲评一道错误率很高的题目时，我发现也做错了的他竟然又在低着头看着什么。"××，请你跟同学们说说刚才这道题应该怎样做。"他站着无语。"记住，今天老师不批评你，但还是想提醒你，下次类似的题目不要再出错。"剩下一点时间，我让孩子们订正错题，有需要讲解的题目再提出来。本来就计划不上新课，急着赶路很容易摔倒。孩子们，我们慢慢来！

我跟孩子们说，要用自习课与他们分享一下自己外出时所拍的图片与感受，有家长反馈说孩子一回家就说起这件事，并充满期待。于是，我把简单准备的PPT与糖果拿到班里。"这是假的吧！"对于很少见过雪的南方孩子来说，那份惊奇与自己当初见雪时是一样的。"这是真的，是李老师特意拍回来给你们看的。"欣赏完图片后，我给每个孩子发了两颗从东北带回来的糖，一颗送给孩子们吃，奖励他们在老师外出这段时间的自觉；另一颗由孩子做主，送给他们想送的家人。然后布置了一项作业——写《两颗糖的故事》。没再布置当下正在学的计算作业，因为我还没弄清孩子们的计算存在的问题，再上一课应该就差不多了。重复的计算题很容易让孩子们生烦，换换口味，让孩子们理理头绪找出方向，或许是更好的选择。学习的路很长很长，孩子们，我们慢慢来！

一周只有一节自习课，允许科任老师在清校铃响前进行个别辅导、过关作业。那几个作业写在黑板上没及时订正的孩子、那几个忘记带作业的孩子、那几个书写明显退步的孩子，本来想在放学后将他们留下来，但在这样一个美好的日子，我看着孩子们迫不及待地背起书包，想法就改变了。"晚上的另一项作业，是把前面没有订正的及时补上。"我宁愿相信孩子们，哪怕第二天仍会有几个没补上作业的。不过，总会有孩子珍惜这样的机会，那就大大地表扬他们一番，让他们明白没被留下来是他们自己争取来的，是我对他们的信任。犯错是你的权利，反复是你的特征。孩子们，我们慢慢来！

"我愿意等上一辈子的时间，让他从从容容地把这个蝴蝶结扎好，用他五岁的手指。"也许，终其一生我都无法修炼出龙应台的这种淡定。因此，我试着用一种安静的、信任的方式，把孩子们教育成一个"像一株小树一样正直"的人，而不是依靠大声呵斥、自以为是的教训、披着爱的外衣的惩罚。这应该是为人师者永恒的修行。孩子成长的过程，也是大人成长的过程。

别急，我们慢慢来！

2.7 多还孩子一点自由
——从课后补课谈起

一个亲戚的孩子在一所区属小学读六年级，一天，他突然问我教育局的电话是多少，想投诉学校。当然，我不会简单地告诉他电话，而是跟他聊天，了解到了一些情况。

这个孩子说,他们现在基本不上技能课了,有时一天就只有语文和数学,每天都全班留到五点半,然后部分学困生再继续留下补课。学生敢怒而不敢言。

我跟孩子说,老师也是为了大家好,虽然派位不看小学毕业成绩,但老师总希望大家能在小学的毕业考试中获得好成绩,为小学阶段的学习画上一个漂亮的句号。如果孩子们确实有很大意见,可以直接找校长反映,校长会重视的。我开导了一番,虽然不能完全说服他,但暂时将他安抚了一下。

作为同行,我理解孩子老师的做法,尽管现在不将考试成绩作为评价老师的唯一标准,但老师们总是希望孩子们考得再好一点。据说区属学校又开始统考了。而一有统考,即使不正式排名次,把成绩拿到校长们面前时,校长们也都会自然地看看自己学校的名次,看看别人的成绩。在数据面前,很少有人能真正超脱。何况,一旦这些成绩透露到社会上,就会成为社会上衡量各个学校优劣的简单标准。虽然简单地迎合社会、迎合家长只能让教育倒退,但当前的现状就是这样的。

因此,我再一次感觉我们学校的孩子是幸福的。不占用技能课、不随意调课是我们学校的常规要求。在"保障孩子的权利"面前,什么理由都是苍白的。在我们学校,如果明天是期末考试,今天仍然按课表上课。在教辅方面,我们绝对遵守《福建省教育厅关于规范义务教育阶段中小学教辅材料征订发行管理工作的通知》的精神,只有一本跟教材配套的练习,不允许老师私自订阅其他教辅。每学期进行作业问卷调查,对各班的作业完成时间进行监控,家长和孩子们可用无记名的方式表达自己的意见和建议。从家长进行的朋友间孩子作业情况的比较来看,我校的作业负担是比较轻的。尽管如此,让学生的负担再轻一些仍是我们一直努力的目标。从2011年起,有三个年级各拿出一个学科作为试点,进行校本作业改革,前提就是低年级不留书面家庭作业。实施一个阶段后,虽存在一些问题,但不可否认的是,把课后作业这条后路堵死了,老师就有办法让学生在课堂上完成作业了。有的时候,一些好的做法就是逼出来的。

有些要求,表面看来是对老师的苛求,其实真正是为老师的长远考虑。一个老师,如果每天都要把全班孩子留到那么晚,他(她)还有多少精力来学习并接受新事物、思考更好的方法呢?而硬性规定不挤、不占、不留,只会逼着老师到课堂上去寻求对策。因此，如何提高课堂效率就成为每个老师备课、上课、反思的主要问题。而硬性规定不准多买教辅，看似是解放学生，其实对老师来说又何尝不是一种解放呢？练习越多，学生的负担就越重，老师的负担也越重。可悲的是，很多老师没有认识到这一点，或者即使认识到了这一点，也没勇气坚持。因为在成绩面前，他们不敢尝试。

越是有智慧的学校管理者，越能够帮助老师们看得更远，走得更好。亲戚的孩子所在的学校，前一段时间新换了校长，一开始在校园文化的营造方面有一些举措让我心生佩服，也为孩子的学校有这样一位敢于突破的校长而高兴。但听到这个事情，让我不禁感慨：是现实太残酷，还是理想太渺茫？教育，路在何方？

我看到同事的桌子上有一本《周国平论教育》，书里的文章自己曾断断续续读过几篇，当时觉得很好，于是借来翻阅。周先生在《教育的七条箴言》中引用了卢梭的一句话——"误用光阴比虚掷光阴损失更大，教育错了的儿童比未受教育的儿童离智慧更远"。周先生还说："一切教育都是自我教育，一切学习都是自学。"

我反思，自己误用光阴、教育错了的时候，是否多了？于是不禁感到惶恐。

2.8 选择 学习 爱情
——给孩子们的毕业赠言

亲爱的孩子们：

你们好！

一直不想写这封信，因为写这封信就意味着，真的要与你们分别了！而此时，我还一直这样感觉，我们只不过是放了一个长假，明天我们又要回到学校，又会有几个可爱的孩子一见面就会说："好久不见，老师，我有点想你了。"然而，孩子们，明天你们回校却是来参加毕业典礼。你们，确实要远行了！想到这儿，我的心情不能平静，这一年相处的镜头就像放电影一样在我的脑海里闪过。

还记得吗？我们第一次见面时，我对你们说"希望能成为你们的朋友"，我让你们写"我心目中的好老师"。一年时间过去了，我经常为自己离你们的理想目标距离还很遥远而感到惭愧,为自己没有更多的智慧传递给你们而感到不安!而让我感到欣慰的是,这一年来,我们真的就像朋友一样,一起思考、一起开心、一起失落,看着你们渐渐长大,我这个大朋友由衷地感到高兴。

这一年来,有许多人、许多事经常感动着我们。这一切,都会成为我们的记忆,也会被我们时时记起。孩子们,让我们暂且把这些美丽的镜头留存在记忆中,今天我只想与你们聊聊天。

孩子们,我想先跟你们聊聊"选择"的问题,因为现在的你们以及你们的家长最关心的就是即将面临的电脑派位。孩子们,"电脑派位"绝不是最好的办法,但它是目前为了促进教育公平而不得不采取的办法。孩子们,我想说的是,除了少数同学能考进外国语学校外,"电脑派位"是大部分同学必须面对的现实。那么,我们应该用怎样的心态来对待它呢?是被派位到理想学校就欢呼雀跃,否则就满腔怨恨?不应该是这样的。

孩子们,这世上有很多事情是我们不能选择的,比如我们的出身、我们的父母,以及我们即将面对的派位。但我们也有许多事情可以选择,比如我们的心态、我们的努力,甚至我们的未来。所以,孩子们,无论你们被派位到哪里,我都希望你们能坦然地接受,然后用努力实现梦想。孩子们,还记得我给你们讲过的那个小故事吗?我希望我们班的孩子也能那样潇洒,对被派到理想学校的同学说:"咳,在那里等我哦!"初中是我们不能选择的,但三年后的选择凭的是我们的实力!因此,孩子们,接下去的三年,就是你们为自己的选择积蓄力量的过程!孩子们,为自己努力!

孩子们,接下来,我想与你们谈谈学习的问题。到了中学,考试科目多了,学习时间长了,可能有很多同学会有点不适应。这是在所难免的,但这个适应的过程越短越好。孩子们,还记得我给你们讲过的学习三要素吗?聪明、勤奋、方法。一年相处下来,我觉得我们班的孩子都是聪明的,尽管有的平时成绩不理想,但这不是智力的问题。所以,在这一点上你们应该有充分的自信:我是聪明的。那么,为什么同样坐在教室里听课,学习效果会迥然不同呢?首先应该问问自己:我勤奋吗?在我们班上成绩比较优秀且稳定的,大家都可以看到他们很勤奋,他们认真地完成老师布置的作业,不断拓宽自己的课外阅读面。

当大家都勤奋时,要想让自己脱颖而出,就需要讲究方法了。学习的方法有很多，学习的科目多了，课前预习、课后复习就变得更为重要，文科要多读多背多积累，理科要多思考多总结。这些是普适性的方法，每个同学还应结合自己的特点，找到最适合自己的方法。别忘了多向身边的优秀同学学习，这些同龄人的方法你可能很容易学会。当然，最后要能形成自己的方法。别忘了，聪明、勤奋、方法，你能做到什么程度，将决定着你在学习的道路甚至人生的道路上，能走多远，能跳多高。在这里，我想用爱因斯坦的话与你们共勉：每一发奋努力的背后，必有加倍的赏赐。为明天作准备的最好方法就是集中你所有的智慧、所有的热忱，把今天的工作做得尽善尽美，这就是你能应付未来的唯一方法。学习知识时要善于思考、思考、再思考。

孩子们，最后我还想与你们谈谈"爱情"的问题。也许看到这个字眼你们会偷笑，会撇嘴。但孩子们，我还是觉得应该说说，因为这是你们迟早会遇到甚至有些同学已经遇到的问题。"爱情"，是生活赐予每个人的一份美好礼物，古今中外的文人墨客留下了那么多关于爱情的佳句就是最好的证明。孩子们，我不想说"太早谈恋爱会影响学习"，因为不是简单的"告诉"就能解开你们的心结的。孩子们，我们设想一下，生活就像一棵苹果树，爱情是树上结的一个果子，每个人都有权利选择喜欢的那个并成功地拥有它，然后享受它带来的美好。但孩子们，我们都知道，果子有成熟的过程，判断时要有智慧辅助，如果过早地摘下它，尝到的只会是青涩甚至是带苦的滋味。看着很美丽，但只能远远地欣赏它，因为它只是一个青果子。孩子们，你们暂且放开它吧，把它交给父母，交给老师，让他们为你们守候。因为此时的你们，任务还很艰巨，目标就在远方召唤着你们，你们不能让太多的负担影响了前行啊。等到果子成熟，等到智慧养成时，孩子们，这时的收获才是最美的！

孩子们，面对未来，大胆地前行吧！毋庸置疑，初中的生活非常丰富多彩，其间可能也会有坎坷和曲折。但我相信我这些勇敢的孩子们，能够很快地适应它，并使之成为自己新的起点，由此开始新的征程，为再一次飞跃奠基。

"雄关漫道真如铁，而今迈步从头越！"希望你们在遭遇挫折或困难时，能以这两句诗自励，暗下必胜的决心，克服万重困难，最后获得成功！我亲爱的孩子们，勇敢地去面对你将要面对的一切，我相信成功之神一定会眷顾你们的，只要努力！

别忘了，常回家(凤凰树下601)看看！你们的朋友会在博客上守候着你们，分享你们的快乐，分担你们的烦恼！

最后，祝我的孩子们心想事成，我在这儿永远地祝福你们！

你们的朋友　李老师
2007 年 6 月 25 日

3. 不浪费每一个错误

3.1 不浪费每一个错误

第二次单元考试是两个单元的内容一起考的,由于学校没有举行期中考试,这次单元考试又恰好符合期中的进度,因此就有了那么点儿期中考试的味道。

批改完试卷后,我登记了分数,记录了典型的错例,知道了孩子们比较集中的问题在哪里。孩子们的成绩与平时成绩基本符合,但有一些孩子进步了,也有一些孩子退步了。从考试成绩到平时孩子们上课、写作业的状态,我开始思考这次试卷讲评课要怎么上。

"现在,给大家三分钟时间,请你进行二次考试,把自己能订正的先订正好,在自己不理解、需要老师讲的题目前面加上记号。"这样做的目的,是让孩子们先反思一下,哪些题目是由于粗心而失分的,哪些题目是确实存在困难的。

"老师改考卷,在扣一些题的分数时觉得很心疼,你们知道是哪些题吗?""计算题。""是的,我们要确立做计算题就一定要全对的目标。"

集体出错的题目并不多,只集中讲解了个别题目。孩子们在判断题上出错最多,这是因为这两个单元的概念特别多,没有一定的时间来消化,一些孩子就觉得困难。于是,我要求孩子们在题目边上画图,写出错误原因。

接下来,小结一下考试情况,之所以不在一开始小结,是因为那时孩子们都只关心自己的试卷,现在已把基本问题搞清楚了,就应该小结一下了。我先表扬了几个孩子。

"这次考试虽然试卷不是很简单,但也有不少同学考出了好成绩。这次全班最高分的是涵。"第一个表扬她,是因为她总是很粗心,而这一次也确实非常优异，我希望借这样的表扬让她对自己有更高的要求。

第二个表扬的是亦同学。"她现在可能是我们班最忙的。学校马上要参加拉拉操比赛，她是舞蹈队成员，每天都要训练，周末也要排练，但她没落下一次作业，而且都是高水平完成，这次考试也考出了好成绩。"这是一个很讨人喜欢的孩子，乖巧可爱，原来上课不敢发言，现在已经在改变了。

第三个表扬的是飞同学。"他的成绩不是最优秀的，但是一直在上升。而且你们注意到没有，他平时很喜欢举手？虽然他经常讲错，但他的错误是有价值的。他把自己的错误想法说出来，让大家一起讨论，最后得出正确答案，这对他自己、对其他同学都是很有好处的。希望这样的同学更多一些。"

第四个表扬的是悦同学。他的成绩只能算中等，但对于他来说，已经进步很多了。相信他会越来越好，也会成为他妈妈的宽心药。

分数不是最重要的，但它反映了孩子们这一阶段的学习状态，因此，我让孩子们在考卷上写上一句话："不浪费每一个错误。"同时，把订正与分析错题布置成了周末作业。

我还利用家长学校的平台给家长们群发了短信，内容大致是这样的："孩子们的单元考试试卷已分发，请利用周末时间督促孩子做好订正，分析错题。提倡用平等对话的形式交流，因为孩子们渐渐长大了。谢谢您的支持与配合！李老师。"

"不浪费每一个错误。"我愿意与孩子们一起，用美好的心情来对待这些曾经的困难。

3.2 教育，有时可以"糊涂"点儿

在卢卢的博客里读到了她的一篇文章《遭遇特殊学生的挑战》，心情很沉重。卢卢对孩子们的爱以及她的教育智慧，非常令人感动，在她的眼里与口中，孩子们是她的"亲爱的"，而文中的这个孩子却口出脏话，深深地刺痛了这位美丽老师的心！

也许是旁观者清吧，我在文章的后面留了言："宁愿相信孩子并不是针对你才做出这样的动作，而是觉得这样做比较时髦，能引起大家的注意，才这样做的。不要让自己太累了，特别是心灵！"

隔天，又读到了卢卢的《明天也会是个不一样的一天》，而且分享了她

从这件事情中获得的两点启示:"第一,以后再遇到这样的情景,我要告诉自己:'他不是故意这样做的,他不是针对我才这样做的。'当我这样想的时候,事情往往更接近真相。而我也可以放开我自己。第二,以后再遇到这样的事情,我要告诉自己:'相信明天会是不一样的一天。'当我这样想的时候,发现事情并没有那么悲观,新的转机也许就在前方拐角处。"再次为卢卢的宽容与智慧感动!

于是,我联想到班里的一些情况。我也曾遇到过学生用手指比画出不文明的动作,但是只有一次。那次在教室见到一位男同学在跟同学争论时有类似的动作,当时我瞪了他很久,又把他叫过来告诉他:"不希望再看到这样的不文明动作。"其实,不用讲很多道理,因为孩子们不是不懂,你只需要让他们知道你不希望再看到这样的事情。当然,要让他感受到你在这种事情上态度的严肃与处理的果断!

送孩子排路队出校时,我看到一个孩子被路队长请出了队伍。我一看,是这段时间我一直觉得很躁动的 X。在不影响其他同学的情况下,我让他在校内先站着,我送路队出校门后再回来找他谈话。回来后,我先向路队长了解了一下情况,他说在排路队时 X 故意做了要蹬同学的动作。然后,我问 X 是不是真有这样的事。他一直辩解说没有,还说为什么别人也在说话,而偏偏抓他。对路队长,我是信任的,这是一位非常有能力与责任心的班干部,我相信他的判断,但我也相信 X 说的其他人也在说话的事实。我让 X 不要管其他人,先反思一下自己有没有错误。没想到,说着说着 X 竟突然激动起来,对路队长大喊一声:"你很贱啊!"我有点儿不相信自己的耳朵,虽然 X 平时有点小心眼,但各方面的发展都很全面,还是个我心目中的优秀学生。

看着 X 涨红的脸,我十分生气,问道:"你这句话什么意思?"X 一直流泪,不说话。X 的家长对于孩子的文明教养也是非常重视的,他怎么会说出这样的话来呢?当时,我甚至有一股冲动,想马上打电话给他的家长,让他回去后一定要好好教育教育。但我最终还是没有拿出手机来。

看着 X,我说:"你让我太失望了,我没想到这种肮脏的话也会从你的嘴里说出来。"听到我的话,X 不哭了,但也没有说话,只是低着头看着地面。过了一会儿,他承认了自己确实做过影响队伍的事情。于是,我对他说:"如果你有委屈,可以向老师说,但绝对不允许你用这样的话来骂同学。你能做到吗?"X 不好意思地点点头。

虽然没有打电话给家长，但我还是觉得应该找一个适当的机会跟家长沟通一下，让家长关注孩子的言行。这样的沟通与当时气头上打电话所取得的效果应该是不一样的。

有些现实我们是不可回避的，现在的孩子懂得太多，电视、书籍、网络，各种信息充斥在孩子的周围。这些还未形成正确价值判断的孩子，往往会被一些无聊但他们以为很时尚的东西影响。

曾经见过英语老师非常生气，因为在学到英语单词"剧院"时，有学生在下面说"妓院"，害得老师只好在课上说"电影院"，省掉一些不必要的麻烦。而当学到"上床睡觉"时，有学生在底下偷偷地笑。"这些孩子到底是怎么啦？"我们的教育，在现实环境面前又一次失语了！

对于这样的现象，我们需要明确地表达自己的态度，而不需要讲太多的理由。而在被孩子惹火的时候，我们则需要劝自己"糊涂一点，先降下火"。

老师们，当你在气头上给家长打电话时，家长可能并不感激，反而对你的教育方式心生反感；有时，你对学生大发雷霆，却得不到学生的理解，反而在他的心底埋下怨恨。而当你冷静下来时，就常常会为自己的行为感到后悔。

退一步海阔天空！教育是不是也是这样？所以，有时我们不妨也"糊涂"一点！

3.3 分数不妨多点儿"人情味"

一次，期末考试临近时，进行了第一次模拟考试，放学后我把一些考得不理想的同学的卷子发下，让他们利用中午回家的时间订正。发完试卷，我顺口说道："请你们认真订正，做得好的可以加分！"

当天下午放学后，我留下几个同学检查订正情况，主要是看他们有没有订正，再对他们不懂的题目加以辅导，验收合格的就可以回家。同学们一个个都过关回家了，这时，L同学走到我身边，轻声地说："老师，你不是说认真订正的可以加分吗？……""是的，怎么啦？"她把试卷递给了我，上面的错题已经按要求用不同颜色的笔订正了，她这是在证明她的"认真"啊！我看了看她的分数——58分，她是这次不及格的两个人之一。我认真地查看了她的试卷，询问了几道题的思路，看她是否真正理解了，原来她已经利用课间休息的时间请教同学了。我指出了她存在的问题,并说了一些鼓励的话,然后在试卷上写上"+5=63"。看到这个成绩,L同学开心地笑了,收拾起书包走出了教室。我发现,她今天的步伐特别地轻松。

作为一位学习存在困难的学生,L同学总是显得沉默寡言,但她的态度又常常让你舍不得批评她。因为课堂上讲话、欠交作业的名单中不会有她,她属于那种静静地坐在角落里,但考起试来却常常令老师头疼的同学。这次她考了58分,计算部分失掉了很多分。我发现她连基本的运算规则都没有搞清楚,对简便运算的应用更是让人哭笑不得。但让我感到欣慰的是,这次的应用题她做得还不错,这说明本学期学的知识她还基本能掌握。

58分,距离60分只有一步之遥,但它们之间却有实质区别。无论是老师,还是学生本人,对于及格与不及格都会很在意。这次我行使自己的权力使L同学由不及格向及格迈进了。虽然只是不多的几分,但却是她用认真换来的。看着她开心的笑容,我觉得这几分是"分有所值"。

于是,我又想起了"分分分,学生的命根"这句话,如果学生非常在意分数,说明他对学习还是比较重视的,不管是对于优等生还是学困生,检测都可以成为他们反思自己、明确方向的过程。因此,让学生写好考后分析,应该是每位教师都要重视的一项工作。

"分数至上"与"漠视分数"都不是一个有思想的老师之行为。而如何在两者之间取得平衡,又是考验一位教师的智慧的问题。

分数不妨多点儿"人情味"!有些事情做起来很难,但我们还是可以有所改变。

3.4 错误让课堂更加美丽

阅读郭元祥教授的《教师的20项修炼》,里面有这样一段话:"教育,作为一种慢的艺术,尤其需要合理地对待学生的不足、缺陷甚至错误。每个人的成长过程,就是点滴错误、点滴成绩、点滴感悟积累而至质变的过程。这个过程中充满着跌下去和爬起来。他一跌倒,你就去惩罚他,而不是等待他、鼓励他自主地站起来,那他也许会耍性子,干脆不起来,等着你来拉他。对学生来说,错误是什么?错误是一种经历,错误是一种行为,错误是一种认识的暂缓,错误是一种履历性的成长资源。学会使用这种不可再生的资源，需要教师发挥慢的艺术。"这让我想起了课堂上发生的一个细节。

布置孩子们完成课本中的练习题。有一道题给出了算式，让孩子们写出商的位数、估算的结果、准确值。我认为这是一道很好的题目，可以培养孩子们口算、估算、笔算三算合一的意识与能力，提高计算的准确率。在讲评过程中，先展示一位孩子的答案，让其他孩子做评委。这些小评委很苛刻，他们不仅关注答案正确与否，还会对书写整洁、答题规范等情况进行评价。展示好的练习，可以给孩子们做榜样；展示错误的练习，则可以让孩子们有借鉴的资源。但要注意的是，展示错误的练习时要注意呵护孩子的自尊心，不要让孩子因错误而产生自卑感。

我让答案正确的学生举手，剩下几个没举手的，让其中一个说说自己的错误答案。正确答案是"两位数"，而她的是"百"。我知道问题出在哪里了，但由谁来解释呢？于是，有了下面的教学片段：

"同学们，老师发现了一个很有价值的问题。"学生的注意力一下子集中起来了。

我先展示学生的错误答案，然后问道："谁知道她做的时候是怎么想的吗？"有好几个学生举手。我请其中一个回答。

"我知道，她看错了题目，题目是问商是几位数。如果是百位数，不就太多了？"其他学生笑了起来。

"那她求的是什么呢？"又有不少学生举手。

"她求的是最高位是什么位？"

"噢，这个同学的错误让同学们明白了一个新问题，这本是老师下节课要讲的。所以，我们应该谢谢这个同学的错误。"

我把练习本还给这位做错的孩子。她一脸高兴的样子。我相信，她和其他同学对于这样的错误，以后是能够避免的。

"感谢错误！"这样的话语我一开始在课堂上说时，孩子们一脸惊诧："错了不批评，还感谢！"但现在我们已经习以为常了。对于错误，我跟他们的约定是错不过三——第一次提醒，第二次警告，第三次就要他们反思自己了。"不要在同样的坑里连续摔好几次，那太不值得了。"我们的孩子在错误分析时都会使用这样的话语了。

"教室就是出错的地方。"感谢错误，它不仅让孩子们学会了宽容，学会了尊重，也让我们的课堂多了许多美丽。

3.5　让孩子们在遗憾中成长

　　朋友的孩子也在我们学校学习，他非常优秀，不仅学习成绩一向稳定，课外活动也是积极参与，曾经还代表学校乒乓球队参加市级比赛并获得名次，是一个不用大人操心的好孩子。前几天我正忙着期末的事情，接到朋友的电话，她有点着急。原来这孩子这学期全优生评不上了，因为他的体育成绩没得到 A，但其余科目全部是 A。朋友的言下之意是，问我能否跟任课老师沟通一下，给孩子一点鼓励，因为孩子从一年级到现在一直是全优生，何况孩子在体育方面还有特长。我答应先了解一下情况再说。

　　"课程全优生"，要求孩子在本学期所学科目期末总评中必须全部得 A。要拿到这个奖并不容易，很多孩子就因为某一科没得 A 而没拿到。虽然还有许多其他获奖机会，但是，因为难拿，所以在孩子与家长的心目中，这张奖状的分量是最重的。

　　我找到体育任课老师了解情况，他也知道这个孩子，说他是乒乓球队的主力，但这学期的体育学科是根据《国家体育锻炼标准》里面的项目来测试的，期末成绩也是根据这几项综合评定的。这个孩子在三项测试中得了一个 A、两个 B，所以综合成绩得了 B。了解情况后，我对这位年轻老师说，体育综合成绩是不是可以更全面？比如，孩子如果有特长，能否给予加分鼓励，或者参考中考的形式，多几个项目，让孩子选择？当然，这只是门外汉的设想，具体如何操作，要拿到教研组里进行研讨。

　　体育老师告诉我，成绩一旦确定，而且没有人为的错误，一般不允许更改。于是，我打电话给朋友，说明了具体情况以及孩子在测试中哪些项目没有得优。我让她肯定孩子，因为他有许多优秀之处，还有特长，但也有一些遗憾，比如，体育测试还有提升的空间。从朋友的话语中，我知道她接受了我的观点，同时我知道她的电话是在孩子不知情的情况下打的，于是心里更加欣慰。

　　孩子在成长过程中，都会遇到这样那样的问题，让孩子学会跌倒时自己爬起来，学会面对生活中的美丽与遗憾。这样，他们接触的世界才是真实的。

　　坦然面对遗憾，努力弥补遗憾，然后走向更加完美。如果我们与孩子都能做到，那么，相信我们的孩子就能在遗憾中成长得更快更好！

4. 与家长建立富有成效的关系

4.1 做家长的朋友

D是一位男生,一脸聪明的样子,课堂上发言非常积极,不时会有一些精彩的见解。然而,D身上也有些问题让老师觉得很头疼,比如上课经常分心,或者转过头与同桌说两句话,或者低着头玩自己的东西。特别令人不能接受的是,他的书写几乎是在挑战老师的耐心极限,我曾让他重写,也多次找他谈话,但都没有好转。有次我实在忍不住,打了电话给家长,家长表示会积极配合,但仍未见他有什么改变。于是,不由得在心里产生了一种想法,如果家长能督促孩子工整书写,甚至擦掉作业让孩子重写,可能会收到较好的效果。毕竟他们面对的是一个孩子,而老师却要面对五十多个孩子。有了这样的想法,我对家长的不支持就有几分不满。

本着寻找孩子问题根源的想法,我进行了家访。在家访中我了解到关于D妈妈的一些情况。原来她是一个单位的小领导,工作非常繁忙,每天晚上回到家一般都要到八九点了,有时甚至要到十点,没时间照顾孩子。孩子的父亲也很忙,而且认为"树大自然直",对孩子的一些不良习惯不以为意。孩子平时住在爷爷奶奶家,由老人照顾,老人只能管孩子的生活,对于孩子的学习力不从心。经过交流,我基本了解了问题的根源。由于父母陪伴的缺失,孩子幼小时期习惯的养成未得到足够重视,导致孩子自控能力比较差,形成了凡事应付完成的习惯,而老师和家长又经常因为这些问题指责或批评他。

问题找到了,该如何解决呢?像D妈妈以前那样电话遥控显然是不行的。孩子在电话里答应要好好改正,但转眼就忘了,毕竟他还是孩子。D妈妈说她也很着急,都有辞职的打算了。我说辞职不是办法,况且辞职了也不一定就能让孩子马上转变。于是我建议她,每天晚上只要能在孩子睡觉前回来，就到爷爷家看看孩子，跟孩子聊聊天，顺便了解一下孩子的表现，相信这样的面对面交流效果是电话遥控所不能比的。另外，要跟孩子父亲沟通，男孩的教育特别需要父亲的作用，要让他明确"树"大了有些会自然直，但有些却永远都直不了。我也准备和孩子谈谈家长的辛苦，让孩子对家长多一份理解，增加一份对学习的责任感。

"今天的字有进步了，表扬！""这样的发现很有价值，谢谢！""我会把你的好消息告诉妈妈的！"就这样，我在课堂上、作业本上，或口头，或留言，与D同学进行交流。在跟D同学聊天时，我也知道了他妈妈经常过来看他。努力，慢慢地有了预期的效果。

反思这个故事，我在想，有时我们以为家长不支持老师的工作，其实背后是有许多原因的。比如，D同学的习惯培养缺失、父母陪伴过少，导致了他身上的坏习惯日渐积累。家长往往不是不想做，而是力不从心，或者无从下手。有时，老师的一次交流、几句安慰、一份理解，就能让家长找到努力的方向。只要是为了孩子好，只要是真诚的沟通，都会收到积极的效果。理解家长，是有效沟通的基础。做家长的朋友，有了良性的家校配合，才能收到良好的教育效果。

还有一个孩子，他妈妈患了重病，还要经常为学习不是很自觉的孩子操心。在交流中我了解到家长的情况，采取了一系列措施，比如，对孩子多几分关爱，让他明确他的进步是妈妈的宽心药，非常重要。在孩子的妈妈又将外出治疗时，我特地写了《你的心，孩子会懂》这篇文章，内容如下：

> 下午下班后，正在赶一份材料，你的头像跳了起来。也许你是看到我上线了，虽然我的QQ一直挂着，但却难得有时间坐在电脑前。善解人意的你，询问孩子的情况时总是那么客气。
>
> 你说过两天又要住院去了，这次转移了，医生说要赶紧化疗。但你不放心孩子，让我们多关照些。
>
> 对你的坦然我已经不惊诧了，通过几次接触，我感受到了你对于生命的珍惜与淡然，你是那么积极地配合着医生的治疗。你曾经看过我写的一篇怀念好友的文章，在家访时我们曾经交谈过，因此，对于你的状态我是了解的。不忌讳人家知道自己的情况，才是真正地把病魔踩在了脚下。无论怎样，坦然、平和的心态，对于治疗总是有好处的。

你说孩子的学习让你很纠结。你说因为在孩子幼儿园时你就被确诊了，孩子在最需要妈妈教育的时候却有所缺失，因此，孩子身上总有一些让你很心急的小毛病。

我说，孩子的事急不得，你放宽心去治疗。孩子在学校我们会多关注些，如果有需要，可以让孩子放学后留在学校完成作业再回去，但你客气地拒绝了，你不想增加老师的负担。请你相信，对于你的孩子，我们多几分付出也是值得的。如果能让你更加放心地去与病魔斗争，请相信我们的真诚。因为我们也是孩子的母亲。

你说这次的头发要掉光光。我说没事，现在的假发也很漂亮，只要人在，什么都会有的。你说，为了孩子你会努力。我相信，你的努力一定会有好的回报。

你的心，孩子会懂。请记住，将我们的祝福带上征程！

家长读后留下了这样的话："谢谢老师，一定将你们的祝福带上征程！"因为孩子，老师和家长需要成为朋友，而朋友在遇到病患、困难时，互相帮助是应该的。

4.2 与家长真诚交流

由于工作的特点，家长往往会对老师多几分依赖，因此，有时会有家长匿名给我留言，交流各种问题。被人信任，总是一件快乐的事。尽管我的见解不一定深刻，但我总是真诚地与家长进行交流。以下是两个我与家长交流的故事。

故事1 家教辅导应有度

这是一位家长给我的留言：

李老师：您好！

有一个问题想请教您，我的小孩平常是爸爸在辅导，在一次谈话中我发现父子俩思想完全一致——儿子读书一定不会比父亲好。我不希望儿子有这个想法，况且我不认为儿子差，还好您也认为他很有潜力，可是我不知道怎么做才能让孩子的潜力充分发挥，现在发现他做作业根本不用心，会做的也会做错。他父亲是清华大学毕业的，我的学历不如他，所以教育孩子归他管，他只有不在家时才让我辅导孩子，所以平常我一般也管不上。再说，我的英语水平不如他，知识他也懂得更多。然而，他出差后，孩子告诉我李老师表扬他了。我很苦恼，只好向您讨教。

以下是我的回复：

　　充满歉疚，这是我读完这个留言的内心感受。这是您在12月3日对我的文章写的评论，我能理解您留言后的期待，因为我也已为人母。而我直至今天才读到，这使我不能原谅自己，也督促自己以后要多关注评论，而不能只读那些最新评论。

　　认真地读完你的留言，我有几点想法要与您交流：

　　1. 我不知道您说的在家里辅导是什么方式，是孩子做作业都要坐在旁边，还是孩子做完作业帮助检查一遍，抑或是让孩子独立完成，有不懂的主动提问时才帮助？我想，这三种情况会产生不同的效果，您应该能够理解。其实，这是孩子学习习惯的问题。接班以来，我发现有些孩子家庭作业质量很高，几乎没多少错误，而到了考试时却不行，连基本的题目也总是失分。后来我了解到一些情况，这些孩子都是在家长或家教的帮助下完成作业的。我感谢家长的重视，因为只有你们重视了，才能更好地配合学校开展教育工作，但我并不赞成这种做法。因为教师对学生的教育必须在了解学生真实的情况后才能更有针对性，而"虚假的完美"只会给老师造成这种印象——"这位学生已掌握了知识"，从而较少关注他，因为有时老师会有意把一些发言、参与的机会给那些学习有困难的孩子。

　　您的评论是在看了我的文章《"笨"妈妙"招"》后写的，说明这篇文章触动了您，那么，是不是请您与您的先生反思一下，自己对孩子的辅导是什么样的类型呢？您的孩子在您先生出差后受到我的表扬，是不是因为这段时间没了依靠他反而更加有学习责任感了呢？对于这些问题，我们可以再交流。

2. 我比较担心的是孩子与您先生，他们怎么会认为小孩子读书一定不会比父亲好，并且形成了比较一致的想法？

由于您没说孩子的名字，凭您描述的情况我还不能猜出是谁。这也说明我对孩子的了解、与家长的交流还做得不够，我今后应该加强，但从您的描述中我能知道这是一个我喜欢的孩子，所以我会认为他有潜力，会表扬他的进步。我试图用一种积极的心理暗示传递这样的信息：孩子，你能行！在班里，我从来不认为谁不行，无论他现在的学习成绩怎样，我只鼓励孩子跟自己比，让孩子的今天比昨天更好，这也就是我们班的努力目标——做最好的自己！

我记得有一次，我先生在孩子面前说自己以前英语学不好，之后，我很郑重地跟他谈了谈，告诉他一定不能在孩子面前这样说，这样会给孩子一个理由——"我学不好是你遗传的"。所以，我为你的孩子感到高兴，他有一个清华大学毕业的爸爸，我觉得您应该给孩子心理暗示："你看，你爸爸是清华大学毕业的，你也肯定行！"让孩子知道清华大学毕业生不能随便什么题目都要他辅导，只有那些有难度的题目才有资格请他辅导，这样孩子可能会对爸爸更加敬慕。我倒是觉得，如果孩子爸爸要辅导孩子，更重要的是教给孩子良好的思维方式，让孩子学会从多种角度思考问题，这才是最根本的。因为平时我也发现，有些家长给孩子讲解的方法离孩子的思维水平还比较远，反而造成了孩子的思维混淆。成人认为简单、好用的方法在孩子身上不一定有效。因此，我认为您很有必要就这个问题与您先生好好谈一谈。

3. 从您的描述中，我可以感受到您在家庭教育中的位置，您是主动让位，因为您觉得您在学历上、在英语方面不如孩子爸爸。对此，我倒有不同看法，我不否认高学历、英语能力强的爸爸对孩子学习的帮助，但这不是绝对的！一个孩子的健康成长、良好发展还需要很多方面的因素，而母亲在其中有着父亲不可比拟的作用，因为母亲更细心，更有耐心。我的《"笨"妈"妙"招》里的妈妈就是这样的，他们是用事实说话，而您的孩子受到老师表扬或许也是一种事实。在家庭中，父母要学会相互补台，在孩子面前（对方不在）说对方的好话；在孩子不在时，可以互相探讨对孩子的教育问题。

家庭辅导应有"度"，而对这个度的把握正是家长教育智慧的体现！

家庭教育是一门学问，我也是一位家长，也有很多困惑的地方，在你们家长身上常常能学到好的经验。以上谈的只是个人看法，不一定正确，旨在与您交流，期待进一步的探讨，因为我们的目标是一致的——为了我们的孩子更好地成长！

为自己未能及时回复，再次致歉！

祝：阖家幸福！

李老师

2006年12月16日

故事2　成人明白的，孩子不一定清楚

玲玲老师，看你博客日久，颇有收获。有一事请教，我的孩子上一年级，对求差的题目却难以理解。比如，一群小孩15个人在玩，有一些孩子陆续离开了，还剩下7个，请问走了几个。这道题目看上去很简单，却让他很纠结。按照字面理解，是15-8=7，也就是走了8个，所以剩下7个。这是数学上的求差，也就是被减数减去减数得到差，可他却不懂。他是不是一直在用语文语言思考问题啊？我告诉他：语文语言是你对一件事情经过的描述，所以你认为应该是15-8=7；但是按照数学语言，却是要你求差，就是在告诉你两个已知数的情况下，求那个未知数。不知我这样讲对不对？如果不对，要如何帮助孩子理解？

以上是一位家长的匿名留言，感谢家长的信任，也给自己提供了思考的话题。

以下是我的回复：

我想先谈谈这道题，这道题目最好的列式是15-7=8，总数减去剩下的就得到离开的人数。如果让孩子口答走了几个，孩子会说8个，就像您说的"走了8个，所以剩下7个"。如果让孩子列式，可能他会写成15-8=7。可这是错误的，因为结果变成了7个。为什么会出现这样的情况呢？这是因为孩子因年龄特征，思维水平还未发展到一定高度。新课改提倡给孩子提供解决问题的多样化策略，并且倡导孩子的想法是合理的，就应该给予鼓励。因此，可以引导孩子列成 15-（8）=7，加一个括号，意思就不一样了。这样，孩子就知道结果是 8，在写答句时也就知道是"走了 8 个"。依我个人的看法，在刚开始学习时，可以允许孩子保留这样的想法，但一段时间之后就应该引导孩子进行方法的优化，特别是要让孩子在解决问题时能思路清晰。当孩子正确列式"15-7=8"，并能用数学语言"总数减去剩下的人数得到离开的人数"时，孩子的思维水平就有了提升。但是，这个过程急不得，应该是水到渠成的。

说实在的，看到这道题，我首先想到的是解决问题，并没有马上判断这是"求差题目"。这或许也是老师与家长的不同之处。我们读书的时候，甚至在我教书生涯的很长一段时间里，每一道应用题都有其固定的名称，如"求差"、"归一"、"工程"，等等，于是，一看到题目，第一感觉就是判断这是什么类型的题目，然后想着如何套用模式解题。

自课改以来，教材发生了很大的变化，其中之一就是取消了"应用题"的说法，改为"问题解决"，同时，倡导解决问题策略的多样化。根据课改近十年的小学数学教学经验，我认为这样的改革是真正有利于培养孩子的思维的。面对一个问题，不提倡孩子套用模式，而是让他们思考怎样找到解决问题的突破口。有时，解决一道问题，可以有很多方法，而孩子的个性与灵性，就是在这样的过程中得到保护并培养起来的。

从您的描述中我可以感受到，您是一位非常用心的家长，在指导孩子时是非常细致的，您描述了您的想法，比如"这是数学上的求差，也就是被减数减去减数得到差"，"语文语言是你对一件事情经过的描述，所以你认为应该是 15-8=7；但是按照数学语言，却是要你求差，就是在告诉你两个已知数的情况下，求那个未知数"。我想，这些语言现在是不会出现在我们的数学课堂上的，因为这样的语言，是很书面的语言，是成人的语言。这就说到了我的题目——"成人明白的，孩子不一定清楚"。

因此，我建议你听听孩子的想法。如果孩子列式成 15-8=7，那么，您可以反问一下："走了 7 个吗？"利用错误给孩子反思的空间，反而会让孩子学得深刻。如果孩子列式对了，追问一下："你为什么这么列式啊？"孩子能用自己的语言讲清楚，就说明这个问题对他来说已不是问题了。问题解决，不就是要取得这样的结果吗？

说实在的，我不赞成您对孩子的这种辅导方式，因为孩子在课堂上接触的思路与家长的不一样，会让孩子无所适从。比如，有的问题，家长用很复杂的方程来解决，但那只是家长的方法，而不是孩子的方法。随着孩子年级的升高，这样的冲突会越来越多。

孩子的学习需要家长的配合，不知道您的孩子的作业习惯和效率如何。我倒是建议，作为一年级的家长，要在这两方面多下点儿工夫。至于具体的题目，孩子暂时不理解，也不要着急，甚至可以"懒"一点儿，对他说："你明天去问老师和同学吧！"鼓励孩子积极与人交流是一件很好的事情。"宝贝，明天把你的方法教教妈妈吧！"有可能，您这么一逼，就逼出了我们想要的效果。

不知道这样未加斟酌、有点粗糙的回复，是否能给您些许启发？谢谢您提供了这么好的一个素材，引发了我的一些思考。希望今后多交流。

4.3 关键时候给家长写封信

在家校联系过程中，在关键时候使用书信这种联系方式，能收到很好的效果。比如，在学生即将毕业时，我给家长们写了这样一封信。

尊敬的家长朋友：

您好！

不知您是否有一种感觉，孩子进入小学的情景仿佛还在昨天，却已是六年时光转眼即逝！时间过得真快，转眼您的孩子就将小学毕业了。而这一阶段，很多孩子情绪比较烦躁，因为毕业考试就要来临。这个时候，孩子更需要您的关注与引导！

虽然毕业考试不与孩子的升学直接相关，但作为老师，我总希望能让孩子以最好的成绩，为自己的小学学习画上一个圆满的句号。也因此，这段时间，家长与孩子们可能会感觉到应试的味道越来越浓厚，几乎每天都有考试，孩子的课业负担也比较重。这应该是许多孩子烦躁的根源，而这对于他们的学习是有弊无利的！

家长应该为孩子的学习提供良好的家庭教育，但家庭教育绝不是学校教育的翻版。在这一阶段，您可以多观察孩子的情绪状态，及时与他们沟通，了解他们的思想状况，帮助他们排解一些困惑，给他们鼓鼓劲儿。有些家长会再给孩子布置一些作业，让孩子多做练习。我想，这应该是有选择的，要视孩子的情况而定，一些与老师布置的作业重复的练习，就没必要了，免得浪费孩子的时间。

　　您可以提醒孩子有针对性地复习。老师的复习计划面向的是全体同学，不一定完全适合您的孩子。您可以引导孩子对自己的学习现状进行评估，找出薄弱的项目重点复习。可以指导孩子将本学期做错的一些题目整理出来，重新做一遍，这是比较有效的方法，也是事半功倍的学习方法，请家长们帮助孩子形成习惯。

　　您还应该安排好孩子的作息与营养，督促孩子睡眠充足，以保证学习时有充沛的精力。复习阶段，老师讲的往往都是重点内容，如果因休息不好导致听课效率低下，得不偿失。因此，有必要督促孩子提高写作业的效率，要求孩子学会安排时间，充分利用零碎的时间做作业，进行课外阅读。

　　应该说，近段时间大部分孩子都有学习的紧迫感，都能认真完成作业。但仍有个别同学需要老师催促完成作业，甚至要在学校补做作业，而这总是使他们的学习落在其他同学后面。因此，希望这段时间家长能抽空检查孩子的作业完成情况，督促孩子不轻易漏题，然后在孩子的抄作业本上写上完成时间并签名。借助毕业考试的契机，培养孩子的学习责任感，强化孩子的良好习惯，需要我们的共同努力！

　　家是孩子最后的避风港！关键时候，陪孩子一起分析问题，帮助孩子调整方向，给孩子加加油、鼓鼓劲，这样，他们才能更好地扬帆远航！

　　如果您对老师的教育方法、教学方式有不同看法，希望能听到您的意见。这能使我更好地提高教育效果，我将对您充满感激！

　　最后，因您一直以来的支持与配合，请接受我最诚挚的谢意！

　　祝：阖家幸福！

您的朋友：李老师
2007年5月25日

4.4　在家访中增进家校感情

家访，是每一个班主任和老师的一项重要工作，通过家访了解孩子在家里的表现，与家长探讨教育问题，可以更好地形成教育合力，更好地促进孩子成长。同时，在家访中可以发现很多新的问题，也会有很多新收获，这些都是在学校里不能获取的。下面，我将用家访手记的形式讲述自己的家访故事。

手记1　"笨"妈"妙"招

每一个孩子背后都有一个家庭，这个家庭的教育观念是怎样的？又会对孩子起到什么样的影响？这是我在进行了几次家访后逐渐形成的问题。而与志同学家长的一番谈话又让我有了新的收获。

志是我班上的一名学生，他从小就接受了国际象棋训练，最好的成绩是参加省少儿业余组比赛获得第四名。这样的学生可想而知，智商是非常高的，而且能够静下心来，因为一盘棋下两三个钟头是常有的事。但课堂上插嘴却常有他的份儿，大多是因为他反应太快，控制不住自己而直接喊出了答案。

与家长交流并不是告状，我们更希望在与家长的交流中找到孩子问题的症结，从而有效地解决问题，毕竟，家长对孩子了解得更多。志同学各方面的表现还是不错的，学习上也还有很大的潜力。家访其实是坐下来与家长一起给孩子制定努力目标的时机。

与志同学的家长交流是愉快的，一说到下棋，他妈妈就主动拿出获奖证书与奖牌让我们分享，还真不少，可以看出家长与孩子的投入和付出。

志同学国际象棋的入门师傅是爸爸，但后来都是进培训班学习。他妈妈讲了这样一件事情，每次他爸爸带他去比赛，总是不能取得好成绩，而如果是对国际象棋一点儿都不懂的妈妈带着去，他却总能取得好成绩。这是为什么呢？他妈妈也反思了，通过多次的经历似乎找到了答案：每次爸爸带着他去比赛，由于爸爸算是行家，总是会叮嘱他一些容易忽视的细节，比赛出来后又会急着分析情况，这样，孩子在赛场上总是非常紧张；而妈妈由于不懂国际象棋，只是交代他"别怕，输了我们就当是一次训练"，还会准备一些好玩的、好吃的，等儿子比赛结束后出来时吃一下、玩一下，然后再把他送入下一场比赛。

听到这里，我们就找到了答案。不懂国际象棋的"笨"妈妈，却在儿子学棋的过程中起到了很重要的作用。正是因为她的闪烁着智慧光彩的"笨"，给儿子创造了轻松的氛围，让儿子愉快地接受了一次又一次的挑战。这是一位多么聪明的妈妈呀！

那么，作为老师、作为母亲的我，是不是也可以从她身上得到一些启示呢？

手记2 "孩子的事情是最重要的！"

颖是个不用老师操心的孩子，温柔娴雅，在课堂上很少主动发言，但眼神总是专注地追寻着老师。她担任班级宣传委员，只要交代她"要出板报了"，第二天准保会有一份图文并茂的黑板报出现在同学们面前。可以说，接班一学期以来，她是一位让我非常喜欢的女孩子。

这是一个很有涵养的女孩，其成长背后必有用心的家长。而我只知道家长非常关心孩子，家长会每次必定准时参加，每天四趟都有专车接送，接送的人有时是父母，有时据说是司机。这样的家庭无疑是条件优越的，而这样的家长对于孩子的教育又是怎样理解并实践的呢？带着这样的疑问，我们走近了颖的家长。

接待我们的是颖的父母，谈话中我们得知颖的爸爸是师专毕业生，也当过三年教师，然后下海经商，现在已有了一份比较成功的事业，而且其事业已步入良性发展阶段，现在基本放手让下属管理，而他自己则可以有较多时间用在孩子身上。颖的妈妈原来是个公职人员，为了孩子的学习现在成了全职太太，专门负责照顾两个小孩（颖还有一位正在读幼儿园的妹妹）的学习与生活。颖是幸运的，家长在其身上的投入很多，每周一节钢琴课45分钟就要300元，更不要说在其他方面的智力投资了。但令我们感动的不是这个，而是颖爸对孩子的民主引导与颖妈的用心培育。在整个交谈过程中，颖妈说得不多，颖爸说她也在学琴，就因为颖在学，所以她在颖上钢琴课时专心做着笔记，为了颖学英语，她也重新学起了英语。

在了解到这些情况以后，颖身上的一些优点显得更加可贵，她的善良、淳朴、用功，无不彰显着家长对于家庭教育独到而又富有远见的理解。也许是曾经当过老师的经历让我们在心理上拉近了距离，因此交流变得非常愉快，而话题就围绕在对颖的教育上。交谈中，颖爸不时有一些话语让我叹服。

"对我来说，孩子的事情是最重要的！"在交谈中，我们知道他原本出差在外地，当知道老师要来家访时特地赶回厦门。每次开家长会，他都是准时出席并全程参与的模范家长；在孩子的同学到家里来时，他亲自下厨削水果准备点心给孩子们吃；而十多岁长到一米六几的颖，还常常拉着爸爸的手让其背背她。曾经读到一位美国家长为了女儿的家长会而推掉总统宴会的故事，而我相信如果颖爸遇到同样的事情，也会作出同样的选择，因为在他们的心中，没有比孩子更重要的了。

"对孩子来说，健康的心灵更重要！"虽然家庭经济情况很好，但小到买衣服"只买对的不买贵的"，大到存压岁钱作为大学学费，他们引导孩子不要把钱"太当一回事"，但也不纵容孩子乱花钱。这不由得让我想起班上那些花钱大手大脚的孩子，对于如何花钱的引导，家长的作用是多么重要啊！对于孩子成长中遇到的困惑，家长及时与老师交流并密切关注孩子的心态，然后用一种不伤害孩子情感的方式与孩子交流，这份呵护孩子心灵的心思让我为之感动。对于孩子的将来，他认为颖最好的职业是当老师，并相信颖会是一位很负责任的老师。这样的设想，让我们两位当时在场的老师顿时对自己从事的职业又多了几分信心。

"对孩子来说，做事情是一种体验！"家里虽然请了阿姨做家务，但孩子经常自己洗衣服，周末也经常帮助阿姨做家务。而对于孩子参加学校的活动，他们也都是全力支持的。特别是颖爸讲到颖一年级时曾带着桶到学校帮助清洗教室，虽然其他同学都偷跑了，他却让女儿坚持扫完再走。这让我领悟到他事业的成功不是偶然的。

"我最大的快乐就是看到孩子灿烂的笑容！"这应该是那次家访最让我们觉得震撼的一句话了。这样一位成功的男人，脸上心上却写满了孩子，这应该是一种最本真也最美丽的人性回归！我为学生能有这样的家长而感到高兴，也相信孩子在这样的家庭中会健康地成长！

这是一位快乐的家长！这样的家长，真正地从孩子的成长中体会到了快乐；而这样的孩子，就在家长的快乐中快乐地成长着……

第2项

理解数学

数学是什么？小学数学教育的真谛是什么？数学是让人越学越聪明的学科，小学数学教育应该是既"有营养"又"好吃"的美餐。这样的回答就够了吗？不，远远不够。也许，对这两个问题的追问永远不可能有完美的答案，但就在这追问并用实践寻求答案的过程中，我们离真正的答案更近了一些。

1. 把握数学本质

1.1 把握主要变化 领悟课标精神
——与孔凡哲教授的对话

作为厦门市专家型教师培养对象,我(以下简称李)有幸拜孔凡哲教授为导师。在东北师范大学培训期间,我多次聆听他的讲座,得到他的面授指导,受益匪浅。在《数学课程标准》(2011年版)出台之际,我就几个自己感到困惑的问题与孔凡哲教授(以下简称孔)进行了对话。

李:在讲课中,您多次提到了课标修订,您能不能说一下本次数学课标修订有哪些特点呢?

孔:本次课标修订稿,可以用几个关键词来概括,即"四基"、"四能"、"两种思维"、"多个核心"。

李:从公布的资料中,我们已知道"四基"是指基础知识、基本技能、基本思想、基本活动经验,也就是增加了"基本活动经验"与"基本思想"。您能不能谈谈为什么会有如此改变?

孔:首先,教育是主动的行为,其关键在于促进人全面、健康、和谐和可持续发展——这源于马克思的自由发展说;其次,教育的根本动力在于学习者的学习兴趣;最后,未来环境的改变促使学习者为了生存,必须接受"智慧的教育"。我国双基教学的历史贡献是巨大的,但是,它已经不符合我国当前经济与社会发展的需求,更不能应对未来发展的需要,所以仅仅关注"双基"的教育必须改变。因此,"四基"的提出是适应教育形势发展的趋势的。这里的数学思想,是"大"思想,是希望学生领会后能够终生受益的思想和方法,而不是前几年研究的数学思想方法。这里的"基本",是指数学本身发展的那些思想，是能够支撑整个数学发展的那些核心思想。主要就是三种：数学抽象、数学推理、数学建模。

李：您多次提出要提高学生发现问题和提出问题的能力。这次课标在教学建议中提出"不断提高发现问题和提出问题的能力、分析问题和解决问题的能力"，也就是您提到的"四能"。能否请您谈谈为何如此改变以及如何落实？

孔："四能"是在原来分析问题和解决问题的能力的基础上加上了发现问题和提出问题的能力。

发现问题的能力是指发现困惑、在显而易见之中发现"问题"的能力。在发现问题的基础上提出问题，需要逻辑推理和理论抽象，不要精确的概括。在错综复杂的事物中抓住问题的核心进行条分缕析的陈述，并给出解决问题的建议，不是一件简单的事情。

提出问题的能力是指将某些问题用数学语言表达出来的能力，核心在于数学的抽象、建模等相关能力。提出问题的关键是能够认清问题、概括问题。问题的提出必须进行深入思考和自我组织，因而可以激发学生的智慧，调动学生的身心进入活动状态。提问需要找到疑难，发现疑难就要动脑思考。这与跟着教师去验证、推断既有的结论是不同的思维方式。学生只有多次接受这样的思维训练，才能逐渐形成创新意识、创新精神和创新能力。

一个人在18岁之前没有独立思考过一个问题，没有经历过发现问题、提出问题进而分析解决问题的全过程，长大以后要成为创新人才几乎是不可能的。事实上，亲身经历发现问题、提出问题进而加以分析、解决的全过程，获得直接的经验和体验，是培养创新人才所必需的前提和重要基础。对中小学生而言，"发现问题"更多的是指发现书本上不曾教过的新方法、新观点、新途径，以及知道以前不曾知道的新东西。对教师来说，这种发现可能是微不足道的，但是对于学生来说却是极其难得的，因为这是一种自我超越，可以获得成功的体验和必要的经验。

在教学中，要注意让学生经历发现困惑的过程（会质疑、敢质疑）；用适当的数学模型（概念、规律等）表达其中的某些问题，提取出其中的"数学问题"；主动运用已有的数学内容，分析数学问题中的各个要素，寻找其逻辑关系；既要寻找数学问题的"纯数学解"，也要检验数学解与现实问题的吻合程度。

李：在读了您的《"巧算"背后的学科韵味》(《人民教育》2011年第11期）一文后，感受特别多。您提到的"两位数乘两位数"案例，我们在教学时一般都是遵循教材编排，先让学生发现、掌握一般的笔算方法，然后再引导学生发现一些可以巧算的规律，以此提高学生对计算的兴趣。而您却提出了不同的看法，认为应该把它视为培养学生归纳思维的教学资源。您认为，"巧算"不应该只是简简单单的"甜点"，而是需要让每位学生都经历的重要的"归纳推理过程"。我们也注意到这次课标特别强调处理好"合情推理与演绎推理的关系"。能否请您结合此例谈谈自己的看法？

孔：史宁中教授指出："'基本思想'主要是指演绎和归纳，这应当是整个数学教学的主线，是最上位的思想。"数学新知来源于直观之上的归纳，数学发展依赖于推理。而推理的主要方法是归纳与演绎。归纳推理是人类发现新知的重要思维方式，也是常用的一种合情推理。然而，长期以来，我国小学数学教科书内容的编排主要采取演绎的方式，即从一般到特殊。我们的小学数学课堂教学也习惯于演绎方式，即先讲一般的，再讲特殊的，而特殊的又常常被放在"拓展提高"环节，当作只有"学得好、学得快"的学生能够尝试的"甜点"，因而，普通学生很难经历从特殊到一般的归纳过程。因此，培养学生的归纳思维，就需要将一些课程内容按归纳的方式呈现在小学数学教科书之中。例如，"两位数乘两位数"的教学重点是"理解两位数乘两位数的算理，并掌握其列竖式计算的方法"。案例中设计了面向优等生的拓展题"$12×11$、$13×11$"，让学生巧算。学生很快算出了答案，但始终未能触及最为核心的规律。下课铃响之前的半分钟，教师很无奈地直接告诉学生："大家仔细看，一个两位数乘11，乘积就是将那个数'两边一拉，中间一加'，现在你们知道了吗？"这些"巧算"内容，本质上是"两位数乘两位数"，如果将"一个两位数乘11"，如"$12×11$"作为例题，将用于归纳的"$14×11$"、"$15×11$"、"$17×11$"、"$24×11$"、"$45×11$"、"$36×11$"、"$59×11$"、"$67×11$"等作为练习，再用一般的算式，如"$24×12$"、"$33×23$"来检验学生是否"理解两位数乘两位数的算理，并会列竖式计算"，这样的设计是不是更恰当一些？至少，这种设计将使学生在体验观察、发现、猜想、验证的操作中多次经历归纳思维的过程。应当注意的是，"巧算"仅仅是提供归纳思维过程的承载体，不必要求学生都必须掌握这种"巧算"的方法，毕竟"巧算"的算式一般都具有特殊性，需要一定的前提条件。

李:"基本活动经验"是课程标准修订稿中新增加的内容,但一线老师觉得这个词语不好理解,有点虚,在实践中难以落实。您曾经在多篇文章中提到过这个词语,能否请您具体谈谈它的内涵及如何落实?

孔:史宁中等教授指出,"基本活动经验是指学生亲自或间接经历了活动过程而获得的经验"。这是有一定道理的,符合通常意义下对于"经验"的哲学解释和教育解释。

从学习者个体角度说,基本活动经验是个体从事某种学科活动时留下的有关这种学科活动的直接反应,既有感觉、知觉的成分,更有感觉、知觉基础上经过自我反省而提炼出来的那些规律性内容,既包括策略性、方法性内容,也包括个体对于相关学科活动的情感体验和情绪反应。基本活动经验属于典型的个体知识(这里的知识是广义的),与个体的认知水平、情意状态以及个体对于已有经验素材加工的深广度直接相关,也与个体参与活动的程度密切相联。一般来说,高层次的参与(行为参与、认知参与、情感参与)总与高水平的思维活动相伴。

每个学科的基本活动经验都包括基本的操作经验、本学科特有的思维活动经验、综合运用本学科内容解决问题的经验、思考的经验等类别。以数学为例,中小学数学的基本活动经验具体表现在基本的几何操作经验,基本的数学思维活动经验(包括代数归纳的经验,数据分析、统计推断的经验,几何推理的经验,类比的经验等),发现问题、提出问题、分析问题、解决问题的经验,以及思考的经验等若干方面。

由于活动对象与现实的距离有别,存在抽象程度的差异,从而使得思维层次有高低之分。因而,可以将基本活动经验区分为更细致的若干层次、类别,比如操作的经验、探究的经验、思考的经验,以及兼有这三种类型中两种以上的复合经验。在现实状态下,特别是在教育教学活动中,活动经验既可以是直接操作的经验,也可以是思考的经验、探究的经验,更有可能包含操作、探索、思考等多种成分在内。例如,在诸如购买物品、校园设计等直接的行为操作活动中,对大多数人来说,活动之初往往需要先进行思维上的深思熟虑,而后再操作,这就是"思考的经验"产生的基础。在开展预测结果、探究成因等活动过程中,运用分析、归纳等方法开展活动,有时也需要借助部分实物操作而进行,因而,在一些思考的活动中所获得的经验一般是思考的经验,有时也混杂着操作的经验。

李：在现实中，老师们往往觉得研究很难入手，您提到的"一线老师要做'顶天立地'的研究"，可以让老师们找到努力的方向。您说过"顶天，就是要有先进的教育理论支撑；而立地，则是这研究要从实践中来，要能真正解决教育教学中的问题"，那么，一线教师如何在实践课标的新精神中学会研究，从而更快地成长呢？

孔：要更快地成长，教师需要认真研读课标、教材，认真备课，及时反思，在教学中不断提高自己对新课标的领悟能力和践行能力。除此之外，还要努力提高数学素养，具体可以从以下几方面做起：

（1）认真研读课程标准，理清数学课程的每个领域的核心目标及其相应的数学内涵，以及每个具体的数学内容的课程教学要求；同时，结合小学实际，列举一定数量的事例，以便更准确地把握这些内容的深广度，及相应的数学学科价值和教育价值。这是提高中小学教师学科素养的关键，更是必不可少的环节。

（2）系统学习数学学科的基本思想、基本方法的论文、论著，把握数学的思维特征和数学抽象的核心特征，对于核心数学思想（诸如数学抽象、数学推理、数学建模）要真正理解，并用小学数学的典型事例加以解读。

（3）进行数学知识补偿教育，查缺补漏。对此，教师不仅需要重视以往尚未系统学习过的数学内容，而且不宜忽略曾经系统学过但当前变化较大的小学数学内容。以负数为例，从数学科学的意义上说，负数的含义至少包括两点：一是 $+a$ 与 $-a$ 表示一对相反意义的量；二是引入负数，实现数系的又一次扩张，这样就可以满足数学上的需要，如使 $2-3$ 可以进行运算、方程 $x+1=0$ 有解等。引入了负数，也就实现了这个数系关于加减运算的自封闭，即两个有理数进行加、减运算，结果仍是有理数。容易证明，全体分数组成的分数系是一个稠密的数系，对于加、乘、除三种运算是封闭的。为了使得减法运算在这个数系内也畅通无阻，负数的出现就是必然的了。

（4）针对中小学数学课程内容中的核心概念、核心思想、核心方法，开展专题研究。对中小学数学中的分数、方程、负数、自然数、平移、旋转、轴对称、证明、函数、小学统计观念、数据分析意识、数感、空间观念、几何直观等核心内容，开展系统的专题研究。

李：您一直强调："一般的教师教'知识'，好的教师教'过程'，卓越的教师教'智慧'。"这些要求值得老师们思考。相信此番对话能让老师们更好地明确课标新精神，开展"顶天立地的研究"，不断地离"智慧的老师"更近一些！谢谢孔教授！

1.2 数学不仅仅要有"生活味"

生活离不开数学，数学离不开生活，数学知识源于生活而最终服务于生活。"生活化"与"数学化"的问题是当前数学教学中探讨的热门话题。

"生活中的比"是北师大版教材中的一个内容，教材没有直接给出"比的意义"、"比的基本性质"这些概念，而是用三个课时安排了"生活中的比"的内容，意在让学生在充分体验中感受生活与数学的联系。

翻开教材，图中的四个情境充分体现了教材"以生活为背景"的特点。比赛成绩、谁的速度快、水果价格、图形变大变小，四个情境无不与学生的生活实际密切相关。这样的教学内容要上出"生活味"是很容易的事，但仅仅有"生活味"够吗？这样的生活化的素材，怎样才能上出数学味来？这是我在备课时以及课后一直在思考的问题。

在教学中，在学生运用学过的知识解决了"买电器"、"比速度"两个问题后，我根据学生的回答有意将除法算式留在黑板上，以下是我的教学片段：

师：(指着黑板上的算式) 同学们，我们刚才解决了两个问题，大家看一看黑板上这些算式，它们有什么特点吗？

生：都是用除法计算。

生：它们都是两个数在相除。

师：对了，我们刚才都是用除法算式来进行比较而解决问题的，像这样的形式在数学上还有一个名称，是什么呢？我们来请教一位师傅吧。请同学们翻到课本第50页，自学课本当中的"认一认"，看谁学得最好。

(学生自学课本，汇报时基本能说出所有的知识点)

师：你觉得有什么需要提醒大家注意的吗？

(学生说不出来，教师提醒学生，"比号不能写成冒号"，"比可以写成分数形式")

师：现在老师要考验一下同学们是不是真正自学懂了。现在请你选择黑板上的一个算式说出比式,并跟同桌说说前项、后项、比值各是什么。

(学生选择黑板上的算式与同桌交流,教师指定三名学生回答,他们均能正确解答)

师:好,刚才是让你们说一说,现在要让你们动手写一写了。请填空!

[生活化的数学课堂就是要让学生在"生活"和"数学"的交替中体验数学,在"退"和"进"的互动中理解数学。通过"退回生活",为数学学习提供现实素材,积累直接经验;再通过"进到数学",把生活常识、活动经验提炼上升为数学知识。我试图通过情境引导学生退回"生活"中,再通过自学课本知识理解数学概念,以及通过尝试应用,引导学生进到"数学"中。而最后组织学生寻找生活中的比,则是引导学生把生活和数学有效结合起来。]

(学生寻找"生活中的比")

生:我发现我们班男生有28人,女生有20人,男生与女生的比是28:20。

生:我发现我们组戴眼镜的有6人,不戴眼镜的有4人,戴眼镜的同学与不戴眼镜的同学比是6:4。

师:你找到这个比有什么感受?

生:戴眼镜的太多了,我们要保护好眼睛。

应该说,在"退回生活"与"进到数学"这对矛盾中寻找平衡,是在考验一位老师解读教材与驾驭课堂的智慧。这节课我做了一些思考,也进行了尝试,但我还是希望能得到大家的指点和帮助。也许,只有在"退"与"进"之间,我们才能真正理解数学教学生活化的含义,才能真正把握数学教学生活化的真谛。

1.3 数学和"技巧"是两回事

"数学是思维的体操,是让人越学越聪明的学科。"很多老师喜欢对学生这样讲,也会在数学教学中教给学生一些"技巧"。这在短期内对于学生掌握知识是有好处的,但从长期来看,太过于注重"技巧"的教学却是不利于学生发展的。

比如,"短除法"可算是求最小公倍数和最大公因数的一个技巧,但新教材舍弃"短除法"而选择"列举法"。"短除法,要不要教"这个问题,困扰了不少一线教师,特别是从旧教材过渡到新教材的教师。他们的困惑主要有:"不教短除法,怎样求几个数的最小公倍数和最大公因数?""又怎样快速地约分、通分?""怎样进行分数加减运算呢?"有些老师认为,列举法固然不错,但它有很大的局限性,只能对付分母较小的分数,分母一变大,采用列举法就不方便了。于是,在教学中补充"短除法"成了一些老师的选择,甚至,有的老师让学生记忆"最大公因数乘一边,最小公倍数乘半圈"。通过这样的训练,学生求最小公倍数和最大公因数时果然快了很多。但"让学生做得快"难道就是我们的目标吗?难道列举法这种"笨方法"就不提倡了吗?我想,我们应该重新审视"列举法"的教育价值。

列举法的基本思想是不重复、不遗漏地列举所有可能的情况,从中寻求满足条件的结果。它用途广泛,直接、明了、易懂、不易遗忘,特别适合思维能力稍弱的学生。而且,作为数学中的一种通法,从认知上看,也是学生容易掌握的方法,在用它解决问题时,学生更容易找到突破口。

例如这道题目:"小明的学校是1路、3路和8路汽车的始发站,1路汽车每5分钟发一次车,3路汽车每8分钟发一次车,8路汽车每10分钟发一次车。三路车同时发车以后,至少再过多少分钟又同时发车?"我们知道,求三个数的最小公倍数是数学教学中的难点,如果用短除法,学生必须了解什么是"两两互质",还要会用三个数公有的因数去除,再用两个数公有的因数去除,最后的结果还要能正确处理。往往学生算了一大圈,还会把几号车和几分钟搞混淆。反之,这道题目如果用列举法解答,看似慢一些,但学生的思路会更清晰。

多种版本的教材都非常重视列举法的应用。例如,北师大版五年级上册教材中,从求因数、倍数、公因数、公倍数到求最大公因数和最小公倍数,从围一定面积的四边形,怎样围使用的篱笆尽可能少,再到旅游费用、旅游车船的安排、鸡兔同笼的问题,无一不是在用列举法。实践证明,这样系统的学习,对学生掌握列举法是有好处的,而且,在面对新问题时,学生也能自觉地运用它来解决问题。"短除法"则只是针对某些特定题目的一种技巧。从长远的数学素养培养来看，短除法是不能和列举法相比的。因此我认为，在教学中不要刻意增加"短除法"，可以在学生掌握列举法后作为知识拓展介绍给学生，但不做要求。

有一天，我偶然读到一位博友的文章《由"一个水管进水，一个水管出水"说开去》，里面有这样一句话："难道我们辛辛苦苦地教了六年，就是为了让孩子们成人以后只记住那道他永远弄不明白的问题，或者只记住那些在生活中并不常用到的公式和定理？我们到底要给孩子什么？孩子到底需要什么？"由此，我想起了技巧与数学的问题。

在传统的教学中，应用题不"应用"是个不争的事实。在近二十年的教学经历中，我也很痛恨数学中那些生编硬造、脱离现实的题目，因为这些题目对于培养学生的数学素养并无益处。

例如水管问题，如果我们以一种新的视角来看这道题目，就会发现现实生活中"同时打开进水管与出水管"的现象其实十分普遍，如：

（1）排队候场。不断来排队的人和不断进场的人，来排队的人多于进场的人，就会有等候的人。

（2）草场。不断生长的草和不断被吃掉的草。

（3）人体的新陈代谢。不断地补充和不断地消耗。

（4）人口的增减。不断出生的人和不断死亡的人，当出生的人多于死亡的人，人口就增加，反之则减少。

引导学生了解这些现象，让他们感受到"进出水管同时打开"是表示有进有出的一种动态平衡。这种对动态平衡意识的感悟，是一种多么有价值的数学体验！

"某水池有一进水管，单独放水需20小时把空水池放满，有一出水管，单独放水需24小时放完整池水。问：同时打开进水管和放水管，几小时可以把水放满？"如果只是让学生机械地做这种题目，那么，学生掌握的只是一种解题方法，只是技巧；如果引导学生从数学走向生活，则可以让学生感受到两者的有机联系。数学必须与生活相联系，现实生活并不等于现实中的数学，现实中的数学原型要经过概括、提炼才能上升为数学模型。要使现实生活走进数学，就必须在生活和数学的交互与链接中加强整合，使学生明白生活离不开数学，数学离不开生活，数学源于生活又最终服务于生活的道理。

于是，在小学阶段，这样的题目我们是不是可以改换一下形式，比如：

车站售票窗口排起的长队约有50人，每个窗口每分钟接待乘客两人，同时每分钟又新来3位乘客排队等候。（1）等候买票的队伍是越来越长，还是越来越短？（2）15分钟后，大约还有多少人排队？（3）如果打开两个售票窗口，15分钟后，大约还有多少人排队？

我把这个想法放到博客上后，博友齐建国老师写了这样的评论："李老师的这个想法真好，这是我的肺腑之言啊。对于这样的题目，您能使其拨开云雾见真章，这不是一般的功底所能为的。"确实，"进水"、"出水"就只是"进水"、"出水"吗？如果一位学生这样看不要紧，一位数学教师这样看也没关系，如果全国那么多人都这样看，甚至很多教师都这样看，那可真是全体学生的悲哀、教师的悲哀，更是中国未来的悲哀。由此可见，比新教材改革更重要的是教师素质的提高。可喜的是，我们看到这样的变化正在加速发生。

对于技巧和数学的关系，还有许多值得思考的内容。在这里，我引用一下林群院士的话："中小学是打基础的阶段，要把数学变得简单透明些，要把学生从单纯的解题技巧和复杂推理中解放出来，让学生感到数学可操作。""学数学的都不是天才，笨人笨方法才成就了牛顿等大科学家。过多的技巧掩盖了数学的真谛，没有技巧的数学才是真正的数学。笛卡儿的方法论，就是要教农民也能理解的数学。"

我又想起曾经看过的《弹肖邦要尽量多情》一文，这篇文章是记者采访著名的钢琴演奏家傅聪后有感而发的。文中记录了这样一段对话：

记者：傅聪先生，您曾经说过，现在的年轻人弹奏技巧越来越好，能不能告诉我们，您的潜台词是什么？

傅聪：现在很多孩子都是从3岁就开始练琴，练到10岁。基础打得很扎实，基本技巧好得不得了，连我也很羡慕。但是呢，音乐其实他们懂得不多。所以，我说技巧有时是音乐的敌人，技巧和音乐完全是两回事。

没有技巧的数学才是真正的数学！那么，我们是不是也可以这样理解："技巧有时是数学的敌人，技巧与数学完全是两回事。"

1.4 数学教学要有长效眼光

孙晓天教授曾说：从整体上把握小学数学，着眼点很多。要想理出头绪、抓住重点，"放眼长远，注重长效"最重要。简单地说，管长远、能让人一生受用的效果，就是长效；管眼前、管特殊技能，形成的就是短效。以时间考量，长效要长期积累，难以一蹴而就；短效可以立竿见影，易于在一节课内形成。同时，短效和长效相互依托，缺一不可。因此，短效易得，但长效更为关键，短效要为长效服务，要以长效为目标。因此，数学教师要有长效的教育眼光，要能看到哪些数学素养是对学生的终身发展有益的，并在教学实践中长期坚持。下面，与大家分享自己的一篇案例。

案例 "鸡兔同笼"的教学实践与思考

自课改以来，原来只出现在奥数教材中的一些经典例题也正式写入了教材，"鸡兔同笼"就是一个典型的例子。苏教版与人教版将之编排在六年级，新世纪版将之编排在五年级，而特级教师徐斌老师曾为二年级的学生讲过这一内容。这样看来，"鸡兔同笼"似乎是各年级都可以使用的教学素材。也正是它的趣味性和普适性，很容易使教师的教学目标发生偏移，因此，教师更需要从学生及教材的角度深入分析这一内容，确定合理的教学目标。从几种版本的教材编排特点看，苏教版呈现的是画图与列表，但更强调画图；人教版重点强调的是假设法和方程；北师大版的鸡兔同笼问题重点渗透的是"尝试"——融合了操作、列表、猜想；而徐斌老师上课时则把画图的直观优势发挥到了极致。笔者使用的是新世纪版教材，以下简单介绍自己的教学实践。

实　践

教学前，我进行了前测，发现有超过一半的学生已能独立解决问题，有15个学生直接写出了答案，没有解答过程；有10个学生用列表的方法；有5个学生用方程。少部分学生参加课外学习时接触过此类问题。另外，学生在解决问题的策略方面已积累了一定的经验与能力。特别是在本学期刚刚学习的"数学与交通"一课上计算租车、租船或买票时提倡的列表解决，学生在解决问题时能自觉应用。由此可见，学生对此类问题的理解并非想象中的那么困难。我应该如何教学，才能真正落实教材的编排意图，并使不同的学生在数学上得到不同的发展呢？如果我把问题抛出来让学生解答，肯定会有许多孩子不会选择列表的方法，而这又是本课的一个重点。于是，我做了这样的尝试：课前布置学生自学，设计了以下问题：(1)请自学课本上的解答方法，并思考：课本在解答问题时用的是什么方法？（2）课本中三个表格在解题思路上有什么不同？（3）你还能想出与课本中不同的方法吗？

当我用课件把课本中三个表格都呈现出来，让学生说说它们的特点时，学生基本能用自己的语言描述，比如第一个表格是"一个一个试"，第二个表格是"几个几个试"，而对于第三个表格，有学生提出用假设法，假设鸡和兔各有10只，发现不对再进行调整。根据学生的回答，我进行小结并板书了三种方法——逐一列表法、跳跃列表法、取中列表法，然后让学生说说自己还知道哪些方法。不一会儿，黑板上已板书了学生的各种想法：假设法有三种，列方程有一种（还有学生说方程可以有好多种，但我只列出了最基本的一种），画图法有一种。这样，连同课本中提供的三种列表法，学生们共了解到八种方法。

在呈现各种方法之后，我做了一个现场调查，让学生说说自己喜欢哪种方法。选择列表的大概有十来个人，选择方程的有五个人，而其余学生选择用假设法，问及理由，回答是假设法过程比较简单。看来，大部分学生还是只关注解决问题的步骤，认为列表法要画表格，比较麻烦。于是，我对学生做了说明：以后做练习时如果没有提供表格，可以用画简表（即不画表格，只列出所需项目）的形式。在练习过程中，学生发现有的题目用列表方法解决最方便。在解决实际问题的过程中，学生逐渐体验到了它的普适性，也进一步认可了这种方法。在以后的练习中，学生自觉地运用了列表的方法，但并没有特别感受到它的优越性，直到出现了以下"意外"。

"意　外"

一个"差生"的发现

在数学思维训练课上，如果单纯给孩子出奥数题，很容易让一些成绩中下的学生望而生畏，于是，我经常以数学童话的形式出题，孩子们比较喜欢这种方式。以下是我讲的一个故事：八戒在数学上吃了好多次亏，他发现越是怕数学，越是学不好数学，于是暗下决心，发奋努力学好数学。这不，八戒立马缠着悟空："猴哥，今天你准备教我什么啊？"悟空笑着说："八戒，这些日子我们风餐露宿，晴天我们每天得走29千米，雨天还得走21千米，这几天下来就走了208千米，平均每天走26千米，八戒，你说这几天中有几个雨天？"八戒说："猴哥，你出题啊！天下不下雨我不关心。"沙僧笑着说："二师兄，大师兄的题目已经出了。"八戒说："在哪里？我怎么不知道？"沙僧说："叫你求这几天有几个雨天啊！"八戒恍然大悟。悟空给八戒出的题目你会解答吗？

孩子们还在思考，突然一个学生脱口而出："是鸡兔同笼！"我一看，是轩同学，这是一位学习成绩在班级稳居倒数第一的学困生。我觉得很奇怪，让他叙述思路，他说："走了208千米，平均每天走26千米，用了8天，就是8个头。然后我就用试探法，得出晴天5天，雨天3天。"听了他的解释，其他同学不由自主地为他鼓掌祝贺。这是一个师生眼里的学困生，对于这样的问题他却能找到解题方向，说明之前学习的"鸡兔同笼"问题的模型并非优等生独享。

两个学生的独特解法

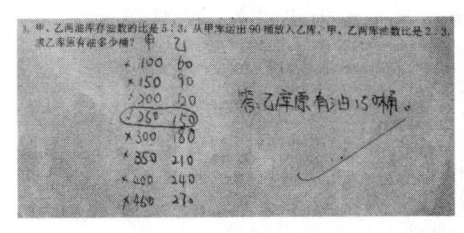

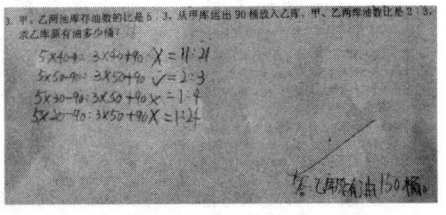

"甲、乙两油库存油数的比是5∶3，从甲库运出90桶放入乙库，甲、乙两库油数比是2∶3，求乙库原有多少桶油？"这是周末作业中的一道提高题，是针对学有余力的孩子的，我很高兴孩子们并不惧怕这样的题目，给出了很多种解答方法，甚至出现了一些不符合常规思维的方法（如上图）。讲评时，我让两个孩子讲讲自己的思路，一个孩子说："我用的是学习鸡兔同笼时学过的试探法！先试出几种答案，再判断哪种情况变化后会变成2∶3。"另一个孩子说他也是用的试探法。

我被孩子们的精彩感动了！这种题目往往是老师难讲学生难懂的

题目,但孩子们却因为敢于"试探",轻易破解了这种难题,而且用这种方法的并不是平时那些思维特别活跃的同学。我在赞赏孩子们巧妙运用"试探法"的同时,更为他们不畏难题、勇敢面对的意识和能力喝彩。

思　考

在以上"意外"中,两道题目都没有出现"鸡兔同笼"的字眼,但有孩子在解决问题时不由自主地调用了"鸡兔同笼"解题经验,这不由得让我庆幸在"鸡兔同笼"的多种解法中没有迷失方向,而是基于"少则得,多则惑"的想法,强调了教材中的列表法。

"鸡兔同笼"问题的解决策略,可以分为两大类:一是算术方法,包括尝试、调整,穷举、列表,假设、推理。二是代数方法,分析问题中的量,确定等量关系,设未知数,列方程,求解。在这些策略中,"尝试、调整"和"穷举、列表"这两种方法,是数学中的通法,从认知上看,也是学生容易掌握的方法。"假设、推理"方法,是奥数班常讲的方法,在小学阶段,只有少部分学生才会真正理解它。代数方法体现的是分析规律、表示规律、解决问题,对学习者的综合应用能力和抽象思维能力有一定要求。而方程的方法因为列出来的方程比较复杂,不容易解,给学生增加了难度,到中学阶段用二元一次方程列式,就很简洁了。

在以往"鸡兔同笼"的教学中,因为问题的含金量高,教师往往舍不得"取法乎下",又由于题目流传太广,而且一个班中总不乏接触过此题和特别聪明的学生,因此,教师最中意的、"取法乎上"的解题方法多是假设法、方程法。但这样的课堂成就的往往是教师的精彩,是部分学生的精彩,而不是全体学生的发展。

王尚志教授说:"现在老师们中间有一个认识值得讨论——教最巧的方法是最好的,认为巧是聪明的标志。我建议对好方法作重新思考:对学生而言哪个更自然,可能更为重要……越是自然的,也越有潜能。"我想,这句话也值得我们用来讨论解决"鸡兔同笼"的各种方法的教育价值。从五年级学生的年龄特征以及现实课堂教学情况看,"尝试、调整"和"穷举、列表"方法,比较适合小学生。而新世纪版教材选择"鸡兔同笼"问题作为载体,把活动主题定为"尝试与猜测",只呈现了列表的方法，是符合大部分学生的年龄特征及认知水平的。在后面相应的练习、复习中，相关的题目也都附上了表格，能够让学生较好地运用这种基本的解题策略解题。由于各种版本教材编排意图不尽相同，适用年级有所区别，因此，要在多种策略中进行取舍，在适当的时期教给学生适当的方法，新世纪版教材的处理是合理的。

"从解题方法的角度而言，方程法远比画图、列表之类的方法要快捷、简便，但这种简便是数学的价值而不是教育的价值！"（陈洪杰语）对于五年级的学生，面对多种解题方法，如果教师教学时面面俱到，反而会使学生理解肤浅，而依据教材强调列表的方法，使学生掌握方法，则是一种比较理智的做法。列表法作为一种数学工具，只有在长期的数学学习中才能找到更加合理的位置。例如在以上两个"意外"中，对于第一道题有个孩子明显看出了这是"鸡兔同笼"问题；第二道题是一道比较复杂的比例问题，但仍有孩子能用解决"鸡兔同笼"问题时形成的"试探法"的经验成功解决难题。在学生的学习过程中，"表格法"已演变成了他们眼中的"试探法"，这里，去除的是形式上的表格，沉淀下来的是面对难题时敢于挑战的意识和能力。而这，不正是我们一直在追寻的吗？

通过"鸡兔同笼"的教学实践，我更加认为"长效的教育眼光"应该成为数学教育工作者进行教学取舍时的着力点。

2. 拓宽学科内涵

2.1 落实三维目标，拓宽内涵

三维目标是一个整体，在教学实践中不容割裂。在整个课堂教学中，知识、能力、情感、态度、价值观是始终存在的，无时无刻不在起作用，而且，情感、态度、价值观还有积极和消极之分，积极的态度、情感、价值观会促进学生的学习，相反，消极的态度、情感、价值观会阻碍学生的学习。那么，如何在教学中落实三维目标呢？让我们来看两个案例。

案例1

一位老师在教学"中位数"一课时，有这样一个片段：
[师出示二（1）班第一小组7个同学口算成绩统计表]

成绩（分）	97	97	95	94	90	89	24

师：这次，我们二（1）班进行了一次口算比赛，这是第一小组的口算成绩，平均分是84分。圆圆是这一组的同学，她这次考了89分，她告诉妈妈：妈妈，我这次的口算成绩比小组的平均分多了5分，处于小组的"中上水平"，你应该奖励我。应该奖励圆圆吗？请同学们小组讨论。

（学生汇报）

生：不应该奖励。（接着又有三位学生也认为不应该奖励）

师：有没有不同意见的？（没有学生举手）为什么你们都认为不应该奖励呢？

生：因为她的成绩排在倒数第二名。

生：中间是94或95,89是在后面。

师：(出示84分)应该跟谁比呢？

生：中间的数，94或95。

师：我不同意，因为中位数只有一个，你认为应该是多少？

（学生出现了不同意见，有认为是94的，有认为是95的）

师：很可惜，你们跟科学只差了一点点。这道题的中位数是这样的：(94+95)÷2=94.5。

案例2

有一位老师上"生活中的比"一课时，引导学生联系生活感受比的广泛存在，出现了以下教学片段：

师：(出示图片)在奥运会上，五星红旗冉冉升起时，一定会是炎黄子孙心潮澎湃的时候；在珠峰上，在南极，都有我们的五星红旗在飘扬。这一切都说明我们伟大的祖国正日益强大，你们需要把她的明天建设得更美好。同学们，我们每天都面对国旗，你们有没有注意到其中有什么数学问题？（出示"形式为长方形，长宽三与二之比"）你们知道这句话是什么意思吗？

生：我知道，就是五星红旗的长如果是3米，它的宽就应该是2米。

生：我知道，不管是大的五星红旗还是小的五星红旗，它的长与宽的比都是3:2。

……

在案例1的听课现场，我是多么想听到这位老师能多说几句话，比如：虽然圆圆这一次的成绩不是很理想，但进步很大，而且尽了自己最大的努力，所以妈妈还是奖励了她。不料，我还是失望了，因为师生对"圆圆不应该得到奖励"是一致认同的。对学生是否应该奖励不能仅仅看成绩，而应该结合其实际水平与努力程度。"圆圆应不应该奖励"是一个值得学生讨论而且需要教师进行正面引导的问题，可惜教师在教学中轻描淡写地收场了。我甚至还在想这样一个问题：在场的同学有没有"圆圆"呢？难道就只让"分数"这两个字充斥着他们幼小的心灵吗?

在案例 2 中,我们可以看出,学生理解比的意义并不困难,但这个比——"3∶2",因存在于特殊的题材(五星红旗)中而显得更加有价值。当三张壮观的、带有五星红旗的图片被出示时,我看到了学生脸上自豪的表情;当教师说出"五星红旗,我为你自豪,五星红旗,你的名字……"时,我听到学生不约而同地喊出了"比我的生命更重要"。这些时候,我的心里涌起了一阵阵的感动。

从以上两则案例来看,数学教学能否做到眼中有"人",是落实三维目标的一个关键。案例 1 中的教师设计这道题目的意图是引导学生认识到"平均数"无法说明圆圆的成绩,从而让学生体会"中位数"在实际生活中的应用价值。单纯从知识技能目标来看,这道题目确实是一道有助于学生理解、掌握知识的题目。但从三维目标的落实来看,这道题目的设计存在欠妥之处。很显然,这位教师在教学过程中的引导是偏向消极的,从中可以看出教师在备课时只考虑到了知识点的教学,而忽略了学生的情感体验。而在案例 2 中,由于教师眼中有"人",课堂的内涵得到了有效提升。

叶澜教授说:学生是构成教育活动复合主体的不可替代和不可缺失的一部分,不关注学生对教育活动的主动参与,不着力于教育过程中学生主动性的培养与发展,只把教育当作知识的记忆和技能技巧熟练的过程,那么,教育将类似"驯兽"。我们发现,越是知识、技能的东西,越是可以通过讲授获得,而情感、态度、价值观是不可能完全通过讲授实现的,往往要通过创设情境、营造氛围,让学生在实际情境中去体会、体验、领悟,通过较长时间的熏陶、潜在的积累而获得。这也应该是"驯兽"与"育人"的区别。因此,教师在备课时要心中有"人",在教学中要眼中有"人",抓住契机进行积极的情感、态度、价值观的渗透,这样,落实三维目标才不会是一句空话。

2.2 借助阅读材料,拓宽内涵

自课改以来,各种版本的数学教材中均设置了"数学万花筒"、"数学故事"、"你知道吗"等栏目,为学生提供相关知识的拓展阅读材料。这些材料既有介绍数学知识的内容,又有介绍社会常识、生活常识、自然知识的内容,呈现方式生动活泼、图文并茂,使学生了解数学知识的产生与发展,体会数学在人类发展历史中的作用,是激发学生学习兴趣、拓展学生知识面、提高学生学习能力、培养学生爱国主义思想情感的好材料。然而,因为这些内容不属于考试范围,许多教师将之当成学生自学的材料,甚至跳过去不教。其实,已有实践证明,把这些阅读材料用足用透,可以有效地拓宽数学学科的育人价值。以下谈谈我的做法。

一、借助阅读材料培养学生良好的思维品质

苏联数学家辛钦曾经说过:"首先,数学教学可以培养人正直与诚实的品质,其次可以培养人的顽强和勇气。"学习数学不仅是为了获取知识,更要通过数学学习接受数学思想和数学方法的熏陶,提高思维能力,锻炼思维品质。

北师大版教材第11册在"比的应用"后,讲述了《阿凡提巧分马》这一数学故事(如下图)。课堂上我引导学生阅读这个数学故事,并思考其中蕴涵的数学问题。于是,有了以下片段:

数学故事

没法分。总不能把一匹马割成几块来分吧?

老大、老二、老三分别继承我11匹马的 $\frac{1}{2}$、$\frac{1}{4}$ 和 $\frac{1}{6}$。

加上我这匹马,你们就知道怎么分了!

师:请你们自学这个数学故事,看懂的请举手。(陆续有学生举起手)

师:谁能解释一下这个故事中的数学问题?(有几个学生举手,请一个学生回答)

阳：老人有11匹马，按$\frac{1}{2}$、$\frac{1}{4}$、$\frac{1}{6}$来分，没办法分成整数，而又不能把马杀了。于是阿凡提拉来了1匹马，凑成12匹，12的$\frac{1}{2}$、$\frac{1}{4}$、$\frac{1}{6}$分别是6匹、3匹、2匹。分掉了11匹，还剩1匹，阿凡提又拉回去了。

师：是啊，阿凡提用智慧帮三个兄弟解决了一个大难题。

庄：老师，我有问题。我觉得这个结果是错误的，老人是让老大分得11匹马的$\frac{1}{2}$，应该是5.5匹，而他分了6匹，显然是不公平的。

师：（故作惊奇）问题出在哪里呢？

轩：阿凡提偷换概念，原来是将11匹马作为一个整体，他将12匹马作为一个整体，所以分出来的匹数是不符合老人的意愿的。（有几个学生表示认同）

师：看来，阿凡提也有失算的时候。假如你是阿凡提，你怎么处理这件事呢？

远：可以先分整数匹，比如，老大应该分得5.5匹，就先拉走5匹，老二分得2.75匹，就先拉走3匹，老三约分得2匹，就拉走2匹，然后把剩下的1匹卖了，钱拿来平分。（听到这样的想法，学生们都笑了）

苏：我认为可以补偿，比如老大应该分得5.5匹，他拉走了6匹，就应该拿钱出来补偿老二和老三。

……

师：同学们不仅读懂了这个数学故事，还能发现故事中的问题，你们比阿凡提更聪明。

《阿凡提分马》是一个广为流传的故事，没想到在课堂上很快被学生指出犯有错误，学生小唯书的批判精神值得赞赏，这是创新意识的萌芽。而这种精神的培养，需要借助有效载体，需要教师在教学过程中给予学生质疑的空间，这将有助于培养学生开放性、深刻性等良好的思维品质。

二、借助阅读材料引导学生体验数学文化

《数学课程标准》（2011年版）提出："数学是人类文化的重要组成部分。""数学文化作为教材的组成部分，应渗透在整套教材中。为此，教材

可以适时地介绍有关背景知识，包括数学在自然与社会中的应用，以及数学发展史的有关材料，帮助学生了解在人类文明发展中数学的作用，激发学习数学的兴趣，感受数学家治学的严谨，欣赏数学的优美。"这些应该成为教材编写与教师教学需要努力实现的目标。

如北师大版数学教材第11册"圆"单元数学阅读材料"圆周率的历史"。课前，我布置学生自学并让学生搜集有关圆周率的材料，在课堂上组织学生分享，有的学生介绍了蒲丰的投针实验的详细资料，弥补了教材中说明简单使学生难以理解的缺陷；有的学生介绍了各国背诵圆周率的相关人物，引起了其他学生的极大兴趣。而我则引导学生用谐音法背圆周率，教室里响起了学生边读边笑的声音："山巅一寺一壶酒（3.14159），尔乐苦煞吾（26535）把酒吃，酒杀尔（897932）杀不死，乐尔乐（384626）。"学生通过这些数学阅读，可以体会到数学模型的建立和完善是一个漫长的过程，数学家为此付出了辛勤的劳动，还体会到科学家永不满足的研究精神。在学习这一单元后，我让学生以圆为主结合学过的平面图形设计美丽的图案。学生用圆规画"太极图"、"蜗牛线"以及各种体现自己创意的美丽图案，在创作的过程中体验到了旋转、平移等变换带来的美丽。在欣赏了许多优秀作品后，他们由衷地发出"圆真不愧是最美丽的平面图形"的感叹。在这种学习过程中，学生体验到数学不是知识和方法的简单汇集，而是一个开放的文化体系，是人类智慧和创造的结晶，感受到数学的神奇、数学的伟大，并由此体验到数学学习的快乐与兴趣。

"学校数学作为学校教育的内容之一，其设立的根本依据是人的成长。学生的发展和与他人的真实交往，以及人在各种社会实践中的活动都需要数学的滋养。学校数学说到底是以育人为目的，即使是为数学的发展，最终也还是要指向人，而不是直接指向数学本身的发展。"（吴亚萍语）实践证明，教材中的阅读材料不是可有可无的"装饰品"，而是丰富数学课堂内涵的"营养品"，它们能有效地拓宽数学课堂的育人价值，使我们的课堂从"数学教学"走向"数学教育"。

2.3 捕捉"生成"资源，拓宽内涵

预设与生成是辩证对立的统一体，课堂教学既需要预设，也需要生成，

预设与生成是课堂教学的两翼，缺一不可。预设体现了对文本的尊重，生成体现了对学生的尊重；预设体现了教学的计划性和封闭性，生成体现了教学的动态性和开放性。两者可以互补。教学既要重视知识学习的逻辑和效率，又要注重生命体验的过程和质量，为此，要认真处理预设与生成的关系，使两者相辅相成，相互促进。下面以"乘法分配律"教学为例，谈谈自己的看法。

案例 "乘法分配律能移多补少吗"

在一节练习课上，出现了这样一个小插曲。

"老师，我发现了一个规律，乘法分配律能移多补少。"是平时爱提问题的杨同学，于是心想，可能又有"好戏"了。

"是吗？请你说说，看看能否又产生一个'杨氏发现'。"

"101×99，可以把101减去1，99加上1，然后进行简便运算。"

"我不同意。"我还未作评判，就有学生举手质疑，"移多补少后变成100×100，得数变成10000了，而101×99的得数不是10000。肯定是错误的。"

我想再组织讨论，可下课铃响了。于是，我把这个问题布置成课后作业，让孩子们就"乘法分配律能移多补少吗"这个问题写一篇数学日记。

第二天，批改学生的作业时，我发现大部分孩子都表明了自己的观点，并且通过实际计算来证明。有几位孩子的文章特别精彩，以下摘取部分内容与大家分享。

学生睿：

我觉得不行。101×99＝9999，移多补少相乘后得数是10000，得数不一样。

比如：102×98＝9996，如果按照移多补少的方法，则是102×98＝（102-2）×（98+2）＝100×100＝10000；103×97＝9991，如果按照移多补少的方法，则是103×97＝（103-3）×（97+3）＝100×100＝10000。这些算式移多补少后得数一样，所以，这种算法肯

定是错误的。

我又发现了一个规律：$102 \times 98 = 9996$，尾数是2，$2 \times 2 = 4$，$10000 - 4 = 9996$；$101 \times 99 = 9999$，尾数是1，$1 \times 1 = 1$，$10000 - 1 = 9999$。只要是100以上、110以下的数，乘99以下、90以上的数，都能这样算，但两个数加起来要等于200才行。

学生涵：
乘法分配律能移多补少吗？我用题目来证明。

题目①：
$$101 \times 99$$
$$= (101-1) \times (99+1)$$
$$= 100 \times 100$$

题目②：
$$53 \times 47$$
$$= (53-3) \times (47+3)$$
$$= 50 \times 50$$

竖式：
```
    101         100
  ×  99       × 100
  -----       -----
    909       10000
   909
  -----
   9999
```

竖式：
```
    53          50
  × 47        × 50
  ----        ----
   371        2500
  212
  ----
  2491
```

差：$10000 - 9999 = 1$
$1 \times 1 = 1$

差：$2500 - 2491 = 9$
$3 \times 3 = 9$

结论：用题目②来说明。两数相乘，如53×47用移多补少来计算，移动（大数给小数）3要得到正确结果，就应将"假"结果$50 \times 50 = 2500$减去移动的数互乘$3 \times 3 = 9$，$2500 - 9 = 2491$即为正确结果。

"思维的灵活性是简便运算的灵魂。"简便运算中经常出现算法多样化的情况，因此，教师应充分捕捉资源，培养学生思维的灵活性、开放性、深刻性。在案例中，"乘法分配律能移多补少吗"这个问题，如果由老师在课堂上当堂解答，学生可能只是记住了结果——"能"或"不能"，缺乏自己的学习体验。"仅仅掌握一定的知识，形成相关的解题技能，已远远无法满足个体对于数学学习的价值期待。"（张齐华语）把它当成一项研究性的作业让学生回家完成，学生不仅通过举例明确了结果，而且通过进一步思考，发现了一个很有价值的规律——"可以移多补少，但是要用'假'结果减去移动的数互乘的结果，才是正确的结果"。有不少同学有类似学生涵的这种想法。学生在假设、推理、验证、总结的过程中，思维得到了充分锻炼。我不仅欣赏了孩子智慧的成果，也感受到了孩子那份因研究而获得的成就感。

当然，提高课堂上捕捉资源的意识与回应能力，从而提升自己的教育智慧，是每个教师均应努力的方向，只有这样，才能在变幻莫测的课堂中绽放出"精彩"，才能更好地拓宽数学教学内涵！

2.4 创新作业设计，拓宽内涵

"教育仅有爱是不够的，还要有爱的艺术，我以为设计学生喜欢而富有成长意义的作业就是师爱艺术的一种平实呈现。"（周彬语）课堂练习、课外作业的设计与布置，都需要老师创新设计，拓宽内涵。以下以一次作业布置为例子，谈谈如何创新作业设计。

"恩格尔系数"是北师大版数学教材"百分数应用"中的一则小资料，目的是介绍恩格尔系数的意义和作用，让学生体会百分数在实际生活中的作用。因为课堂上的时间有限，所以，平常遇到这样的资料我经常布置学生自学，而对学习效果的检测也经常是可有可无的。但在备课过程中，我觉得这则小资料是可以挖掘并充分利用的教学资源。于是，在学习了百分数的应用后，我给学生布置了这样一道作业：

阅读课本第28页"你知道吗"，在作业纸上回答下面的问题：（1）请计算你家现在的恩格尔系数。（2）访问你的家长（爸爸或妈妈），了解他们小时候的情况，计算出当时的恩格尔系数。（3）比较两个数据，请你写出自己的想法。

在阅览学生的作业时，我的心情不禁激动起来——因为这些孩子呈现出的精彩。从作业的完成情况看，大部分学生都能正确地计算出自己家庭现在的恩格尔系数，并向家长了解其小时候的情况，然后计算出当时的恩格尔系数，最后再写出自己的感想。以下摘录一些学生写的感想：

宁：我家现在的"恩格尔系数"属于小康，而我的爸爸妈妈小时候的"恩格尔系数"属于贫困，简直有天壤之别。我们在乱花零花钱的时候，又何曾想到这是父母辛辛苦苦赚来的血汗钱！

冰：我家现在的"恩格尔系数"属于小康了。虽然不算富裕，但是比起我妈妈像我这个岁数的时候，我还是很幸福的。妈妈10岁的时候只有我外公挣钱，每月36元。家里有4个孩子和一个不会赚钱的文盲（我外婆），全家一个月开销就是36元。也就是说，恩格尔系数是百分之百，应该算得上高级贫穷了！我们现在每月的恩格尔系数为45%，相比之下，我更加幸福，所以我要更加珍惜现在的幸福生活。

汐：爸爸妈妈以前的生活很艰苦，每个月都只有60元的工资，而这60元钱，却要用满一个月！现在，我们的日子过得越来越好了，应该珍惜现在的生活，不可以乱花钱，这样国家才会一天天强盛，日子才会一天天走向美好。

琳：爸爸妈妈小时候家庭的恩格尔系数是75%，属于贫困，现在我们家的恩格尔系数是33.3%，属于富裕，现在的生活条件与以前的差别太大了，比以前的生活水平提高了很多。

伟：现在，我们的生活质量提高了，但我们不能忘记祖祖辈辈曾经的辛酸。从以前的贫穷到现在的富裕小康，党的领导必不可少，但是爸爸妈妈和爷爷奶奶的付出是更重要的。现在，我们穿名牌的衣服和鞋，爸爸妈妈以前穿打补丁的衣服，光着脚丫去上学。这么大的提高和爸爸妈妈的努力息息相关。话又说回来，其实现在仍然有许多和我们年龄相仿的人家境贫寒，他们上不了学，需要接受政府和慈善机构的资助，还得省吃俭用。我们应该珍惜现在的生活，感谢父母给我们的这一切。

培：我觉得我现在的生活和父母那时的生活相比，变化实在是太大了，从"贫困"到"富裕"经历了多少辛酸。我们不再是"东亚病夫"，我们的国家强壮、富饶，使其他的国家和人民不敢再看扁我们了！

欣：我家现在的家庭总支出是2100元，食品总支出是1000元，恩格尔系数是47.6%，生活水平属于小康。父母小时候的家庭总支出是50

元,食品总支出是40元,恩格尔系数是80%,父母小时候的生活水平处于贫困。看了这两组数据,我有些惊讶,差别之大超出了我的想象。我们现在平时吃的普通的一顿饭,父母小时候要在过节的时候才能享受到,可见我们有多么幸福。这些幸福是所有劳动者努力的结果,这些幸福是他们用双手辛辛苦苦创造出来的。我们要珍惜现在的幸福生活,不能辜负那些劳动者们的智慧与汗水。

在阅读孩子们的感想时,我的心时常浸润在感动中。这是一群生活条件优越的城市孩子,他们大部分都是家里的小皇帝,在教育过程中我常常会为"孩子,什么才能感动你"而伤脑筋,因为他们见多识广,普通的说教常常被当成耳边风。但从学生的这份作业中,我分明感受到了他们那种依然带着纯真的感动。

为什么一道数学作业题会取得如此效果呢?我试图从题目中找到答案。这是一道综合性、实践性比较强的作业题,学生完成作业前必须自学这则小资料,理解恩格尔系数的计算方法,搜集整理有关数据,算出食品支出总额与家庭消费支出总额,然后算出它们的比值。在完成家庭作业的过程中必须有家长的支持,而他们向家长了解有关家庭支出情况以及家长小时候的生活情况的时机,也是家长进行教育的好时机。因此可以说,这道题目很好地体现了三维目标:从知识技能的角度来说,学生计算恩格尔系数必须用到百分数的知识,这正是本单元的知识重点,通过计算达到巩固知识的目的;从过程与方法的角度来说,学生必须学会搜集整理有关数据,寻找到自己所需要的材料,这正好符合《数学课程标准》(2011年版)提出的"学生学习应当是一个生动活泼、主动的和富有个性的过程";从培养情感、态度、价值观的角度来说,这道题目很好地拓展了数学学科的育人价值,使学生在完成作业时受到了一次润物细无声而又深刻的教育。这种水到渠成的教育的效果,是纯粹的说教所不能比拟的。

这次"有心插柳柳成荫"的作业设计,让我进一步认识到:当我们重新审视作业的设计并努力实践时,当我们欣赏孩子的学习成果时,我们必将更加悦纳自己的教育对象,悦纳自己的教育生活。

3. 探索自主之路

3.1 "先学后教"实践之路

应该说，我与先学后教确实是有缘分的。

1990年，刚从师范学校毕业的我，进入了一所乡镇中心小学——南安县水头中心小学。这所学校那时的校长是一位开拓创新的老前辈，他是福建省第一批评上小学中学高级教师的。当时他是市人大代表，有一次到泉州市开会的时候，听说邱学华老师莅泉讲学，于是逃会去听，听后感觉如获知音。讲学结束后，他凭着人大代表的证件找到了邱老师，硬是在邱老师原定的日程中插入了一项活动——到我们学校讲学。从此，这所普通的学校就与尝试教学结下了不解之缘，申报了全国尝试教学理论实验基地。

那时，教师外出考察还是很少见的。我们比较幸运，两年一届的全国尝试教学理论研讨会，成了我们这些乡镇教师外出开阔眼界的机会。现在想来，老校长是非常明智的。当时教师每个月都有很少的一点奖金，校长不按月发放，而是笑着对我们说："给你们存着，期末一起发，不然一下子就花掉了。"于是，期末时大家都会有一小笔额外收入。这时，校长就动员大家把这些钱拿出来花掉，如果要外出参加考察，学校补贴一部分，不外出的则不能享受。于是，申报外出考察的教师还真不少。那时出门，为了节省费用，又为了让教师们过把坐飞机的瘾，一般都是去时坐火车，回来坐飞机。于是，那些赶火车、在火车上打牌、轮流睡觉的情景都变成了美好的回忆。

邱学华老师来过我们学校两三次，有一次是带着夫人葛老师一起来的，当时小镇上还没有现在的高级酒店，安排邱老师住在哪里让校长有点伤脑筋。那时我刚结婚不久，住在学校分的小公寓里，房子和家具都是新的，先生不在身边，我一个人住。于是，我跟校长说，不然就住我家吧，我先跟同事挤两天。校长实在没有其他好办法，也就同意了。于是，邱老师和夫人就住进了我的房子。但是，第二天，邱老师得知原委，无论如何都不同意继续住了，校长只好把他们安排到比较干净的旅社里。大概因为有这样的渊源，我跟邱老师、葛老师也就更亲近了一些。

1997年暑假，全国尝试教学研讨会在山东省龙口市举行，我上了一节"平行四边形的面积"，当时还没有多媒体，只是制作了几幅幻灯片进行投影。当时还没有记录的习惯，一些细节已不记得了，但孩子们小手高高举起的情景仍在眼前。那一次执教经历，对我的影响是重大的，面对一千多名听课者，把课按照预定的方案上完，这对年轻的我是一项非常大的挑战。也许，以后我面对大场合时的坦然，也应该归功于那次磨砺。

记忆中的邱老师，无论何时总是笑眯眯的。他给孩子们上课是笑眯眯的，跟老师们讲话也是笑眯眯的。不知是这种笑对生活的态度成就了他六十年如一日的尝试之路，还是六十年如一日的尝试之路练就了他这份笑对生活的豁达与睿智。

金美福教授的《教师自主发展论》一书中，有两个人的名字始终贯穿其中，一个是魏书生，另一个就是邱学华。它把名师的成长之路作为研究的对象，让我们更系统、更全面地理解了教师专业成长所必须遵循的规律。《人民教育》在2010年也刊登了一篇关于邱学华老师尝试教学道路的文章，这说明在课改实施的当下，尝试之树仍然可以是常青的。

大约在工作十年后，有一次我偶然读到一篇文章，内容是对指导自主学习的经验介绍，当时对其中提到的"先学后教，超前断后"产生了很大的兴趣。虽然介绍的是中学同行的经验，但我觉得在小学也可以借鉴，于是就在自己的课堂上实践，还以此为主题申报了一个省级课题。后来当了教研员，忙着角色转变，忙着接受理念，也就没有精力涉及先学后教。

当了四年教研员，我总有隔靴搔痒的感觉，总是疑惑一些好的理念为什么落不到实处。于是，我萌生了重回课堂的念头，刚好遇上现在任教的学校招聘，就又成为了一名普通教师。

从教师到教研员，转变似乎是非常自然的，但从教研员到教师，这个转变却是刻骨铭心的。虽然教毕业班不是首次，但是当班主任却是处女秀，半年的适应期过了，也慢慢地习惯了基层教师琐碎的工作。站稳脚跟以后，脑子中关于课堂的那些想法就又蹦了出来,其中"先学后教"是最先出来的。于是,我在课堂中进行了实践。

从2006年开始,我成为福建师范大学课程研究中心的兼职教研员,成为余文森教授领衔的课堂教学团队成员,后又成为"新课程背景下'指导—自主学习'教改实验的深化研究"的课题组成员。有了更多学习和交流的机会,感觉自己对于这个课题的内涵有了进一步了解,也更加庆幸能走入这个团队。

从自己从教二十几年的经历来看,数学教改之路,几度花开花落,但"先学后教"却像一朵不败的花。洋思中学、杜郎口中学,是近期突出的教改典型,而成就他们的精彩的也是"先学后教"。

很庆幸自己能跟着这样的潮流一路前行,随波逐流也好,蹒跚或摔跤也好,至少练就了一些定力,知道哪些是值得坚持的,并继续坚持。

3.2 预习,让课堂更精彩

有幸成为"新课程背景下'指导—自主学习'教改实验的深化研究"课题组成员,进行"先学后教"的课堂教学探索,从指导学生做好课前预习切入。在课题实验过程中,我经常为学生的精彩而感动,而这些精彩正是源于预习留给学生更多的自主学习空间。下面,与大家分享我的教学案例。

案例 "圆的面积"预习后的课堂片段

"圆的面积"是小学数学的经典内容,通过把圆切割成若干等份,再拼成近似的长方形,然后推导出面积计算公式,让学生体验"转化"的数学思想。在学生已有的数学经验中,平行四边形、梯形、三角形等图形转化成长方形或平行四边形,都是通过直接拼或者简单地沿着高切割后再拼,而圆的面积计算公式推导时需要的"化圆为方"、"化曲为直"等,对于学生来说是一种新的数学活动经验。这个操作过程所需时间较多,在课堂上操作不容易达到预期效果,可能会影响教学计划的实施。因此,许多人在上这节课时,直接用多媒体课件演示转化过程,虽然也达到了教学目的,但学生只是课堂的看客,缺少直接的学习体验。

备课时，我对学生做了前测，从中了解到不少学生对圆的面积计算公式已有了一定的认识。因此，课前我布置学生自学教材，并思考："除了课本中的方法，你还有什么方法能求出圆的面积呢？"于是，在课堂上讨论问题"可以怎样求出一个圆的面积"时，学生呈现了多种方法。

生：我用方格纸来测量，把圆放在方格纸上，估测它的面积。（教师借助课件出示图1。有学生反对说：这样太麻烦，如果圆很大，怎么办？）

生：我在圆里画正六边形，然后把它分成两个梯形，量出上底、下底和高，就可以求出它的面积，再加一些就是圆的面积。（教师借助课件出示图2）

师：有没有办法让红色部分更小一些呢？

生：画正八边形。（教师借助课件出示图3）

师：请你们闭上眼睛想象一下，如果继续画，最后的图形会是什么样的呢？

生：就是圆了。（教师通过课件演示，并让学生闭上眼睛思考，有效地渗透了"极限"的数学思想）

生：我把圆平均分成了5份，拼成了一个梯形。（如右图）

生：这不像梯形。

生：可以再多分几份，就像梯形了。算出的梯形的面积，就是圆的面积。

师：是的，就像课本中圆转化成长方形一样，圆也可以转化成梯形，然后求得面积。（教师播放课件，如右图）

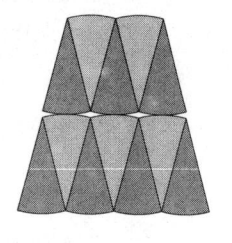

生：我在圆的外面画一个正方形，在圆的里面画一个正方形，在两个正方形中间再画一个正方形，然后量出这个正方形的边长，计算出面积。我估计圆的面积与中间这个正方形的面积差不多。（该生自己制作了课件，如图4）

……

图1　　　　图2　　　　图3　　　　图4

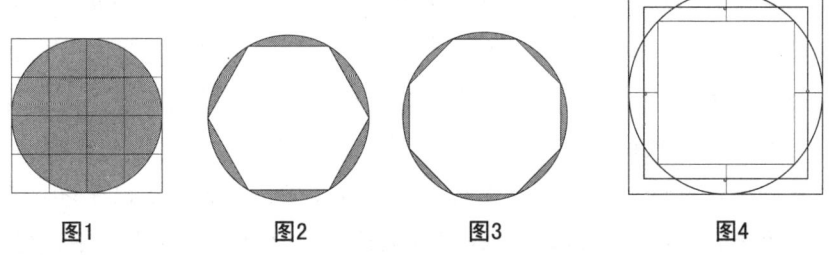

前面几个学生的想法在我的教学预设中，最后一个学生的想法出乎我的意料。在课后研讨中，听课教师对这种想法也大加赞赏，有一个同事说："我们都没想到这样的方法，学生却想到了，真是不错！"而这，正是课前给学生自主学习的空间所带来的意外收获！

思考　精彩源于精心

一、预习前要精心"指导"

有些教师认为预习会加重学生的两极分化现象，不利于课堂教学的实施。我认为，产生这种现象的主要原因是教师没有对学生的预习进行有效指导。数学预习绝不能只是简单地要求学生回家读一读教材，而要有具体且符合学生年龄特征的指导。我一般在授课前布置学生预习，按"预习三部曲"的思路培养学生，分别是阅读（"你从例题中学会了什么"、"这些问题你都能理解吗"），做题（完成例题下面的"做一做"），质疑（"你还有什么不明白的问题吗"），如果教学内容比较适合拓展，我会设计自学卡，给学生导学提纲。如让学生预习"年、月、日"时，我设计的导学提纲是这样的：

1.自学教材第46—49页的内容，完成习题，画出重点词句。

2.通过自学，你知道了哪些关于"年、月、日"的知识？请写下来。（针对本问题设有"自学优秀奖"）

3.你还了解哪些关于"年、月、日"的知识？可以摘抄，可以打印，如果能做成PPT则更好！（针对本问题设有"最佳拓展奖"）

4.关于"年、月、日"，你还有什么问题吗？（针对本问题设有"最有价值问题奖"）

二、预习后要精心"了解"

读懂学生是有效教学的基础。在先学后教的实践中，更要重视对学生预习后学情的了解，这样才能真正做到以学定教。学生通过预习学会了多少？新的知识生长点在哪儿？他们的学习难点是什么？哪里会出现不同的想法，可以引发讨论？这些问题都是教师在正式上课前需要心中有数的。而做好前测，则是教师了解学生学情的主要途径。前测可以有访谈、查阅等形式。一般情况下，我会跟不同学习水平的学生进行"聊天式访谈"，或者查阅他们预习时在课本中留下的笔记。如果布置了自学作业，则会收上来批改，从中了解学生的预习情况。例如，从学生的"年、月、日"自学作业中，我了解到学生通过预习，已知道一年有12个月，1、3、5、7、8、10、12月有31天，4、6、9、11月有30天，平年的2月有28天，闰年的2月有29天；学生也能根据教材的介绍知道如何记忆大月小月，即用拳头或歌谣来记忆。而让学生感到疑惑的是：为什么会有大月和小月？为什么2月的天数最少，而且不固定？为什么判断闰年要除以4或400呢？等等。让人欣慰的是，有几个孩子做了PPT，他们收集的资料竟然比我了解的还多。

三、教学时要精心"调整"

学生预习后，学习起点和原来相比有所提高，如果教学设计还是根据教材上的安排和假设中的学生理解程度，就会出现课堂不和谐的情景。因此，在保证预习效果的基础上，教师应对预习后的教学策略进行有效调整。这对教师的备课能力提出了更高的挑战，促使教师加强学习与研究。

例如，在"年、月、日"一课中，教材中的知识点较多，如果不让学生预习，教师按部就班地讲，课堂上恐怕就只能停留于讲解课本中的结论，而那些真正让学生感到困惑、能引起他们更大学习兴趣的问题，只能留待课后研究。通过前测我了解了学生对知识的掌握情况及存在的问题，教学时，我先引导学生在小组内交流自己的预习收获，然后请几个同学在全班汇报，师生一起在黑板上把相关的知识点整理出来，接着让学生提出预习中的问题，并请其他学生解答。在整个教学过程中，教师更像一名主持人，及时传递"话筒"，让认真预习、充分准备的孩子好好地过了一把瘾，他们把预习时的个体收获变成了全班共享的智慧成果。最后，在反思总结环节，引导孩子进行评价，评出了"自学优秀奖"、"最佳拓展奖"、"最有价值问题奖"。这既是对孩子反思评价能力的培养，也是对认真对待预习作业习惯的强化。

3.3 自主，让潜能变为现实

"学生具有独立学习的潜能，教师的职责是把它转化为现实。"相信学生，给予学生自主学习的空间，能让课堂充满生命活力，每次走入课堂，我都有一份美丽的期待，而学生的精彩也会经常不期而遇。下面与大家分享我的一则教学案例。

案例　分数大小"巧"比较

学习了通分以后，学生在比较异分母分数大小时一般会先通分再比较，我在课堂上引导学生探究"还有什么其他的比较方法"，于是，在孩子们的交流分享中出现了一些令人惊喜的巧妙方法。

逆向比较法。在比较$\frac{3}{4}$，$\frac{4}{5}$，$\frac{8}{9}$时，有学生这样想：一件东西拿走了$\frac{3}{4}$，还剩$\frac{1}{4}$；拿走了$\frac{4}{5}$，还剩$\frac{1}{5}$；剩下的越多，拿走的就越少，所以$\frac{8}{9}$最大。这样转化，把分数的比较简化成了分子都是1的分数大小的比较，化难为易，是好方法。

"一半"比较法。在比较$\frac{5}{7}$，$\frac{1}{2}$，$\frac{2}{9}$这三个分数时，有一个孩子说：我们可以这样比较，以$\frac{1}{2}$做标准，平均分成7份的话，一半是3.5份，说明$\frac{5}{7}$比$\frac{1}{2}$大；如果平均分成9份，一半是4.5份，说明$\frac{2}{9}$比$\frac{1}{2}$小，这样就能比较出三个分数的大小了。她回答后，我让能理解这种想法的学生举手，大约有一半学生举了手。这时，我再在黑板上用数轴进行讲解，让学生明白$\frac{5}{7}$在$\frac{1}{2}$的左边，而$\frac{2}{9}$在其右边。我讲解后，教室里就多了一些表示恍然大悟的"噢"声。由于学生对"$\frac{1}{2}$就是一半"具有非常深刻的印象，因此，在比较分数大小时他们能自动调取生活经验思考，这也是值得赞赏的好方法。

"余氏"比较法（这是以我班余安阳同学的名字命名的一种方法，这是许多练习过程中学生非常喜欢的一种方法）。这个方法是这样的：把两个分数的分子与分母分别对角相乘，得到的积写在分子上面，乘积大的那个数大（如下图）。

教了二十几年的数学，对于这样的方法我还是第一次听到（也许应该反思的是自己的教学功底），我让同学们用其他例子验证这个方法，结果都符合这个结论。于是，我激动地说："我们就把这种方法叫作'余氏法'吧。"课后我思考这种方法的合理性，发现其实这也是通分后再比较的一种方法，只是余安阳同学省略了其中一些步骤。只要把两个分母的乘积作为公分母（比如图中的公分母是77），这样通分后的分子就是原分子与另一个分数的分母的乘积（比如图中的44与42）。而余安阳同学把公分母省略了，只是用分子与分母简单相乘，实在巧妙！

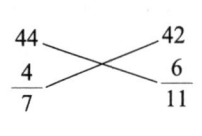

思　考

自课改以来，由于教材编排注重给学生留出思维的空间，在教学时也提倡学生勇于发表自己的见解，因此，在课堂上经常能捕捉到令我惊喜的镜头。当然，要想经常享受到这种喜悦，我认为教师应做到以下两点：

1.课堂上多提供一些机会（事实），留出一些时间与空间让学生自己发现规律。不要急着给学生总结规律，而应尽可能地让他们自己去发现，这是培养学生数学思维的有效途径。虽然在短期内难以见效，但对学生的思维发展肯定有好处。

2.课堂上讲解练习时，不要只局限于学生是否做对了，还应该问问学生是否有不同的想法。这也是培养学生思维的契机。苏霍姆林斯基《给教师的建议》第100条"提高教学质量的几个问题"中有这样一句话："教师在讲课过程中要慷慨地提供事实，而吝啬地给予概括。"看来，对于学生的思维，我们应该"慷慨"给予空间，而对于一些结论的形成，我们则应"吝啬"一些。

因此，给予孩子自主的学习空间，孩子的潜能就有更多机会被挖掘出来。

第3项
有效研究

什么是研究？什么是小学数学老师应该做而且能做的研究？孔凡哲教授说："我们要做'顶天立地'的研究。"于伟教授说："深入地思考就是在做研究。对一个教育问题持续地跟踪就是在做研究。"研究，能让我们收获更多的职业幸福。

1. 捕捉资源

1.1 教学中的意外

在教学中，我们经常会遇到预设与生成的矛盾，从而产生一些意外，有时是学生的精彩生成，有时是老师的无意失误，而这些意外，正是开展研究的有效资源。下面请看一个案例。

案例　少了前提　多了精彩

在我校举行的教师教学基本功竞赛中，我讲了北师大版教材第八册"图形中的变化规律"一课。在课堂上，预设与生成产生了矛盾，使得我与孩子们经历了一次深刻的思维冲突。至今，课堂上的一些镜头仍让我不断回味。

镜头一

在引入课题后，我在黑板上用小棒摆了三角形，并问学生：摆1个三角形至少需要几根小棒？（学生答：3根）摆2个呢？（学生答：6根）听罢教师摆了2个三角形：

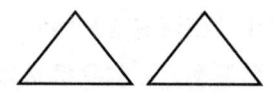

这时，一个孩子说："我可以用5根小棒摆出2个三角形。""是吗？请你上台来摆一摆。"于是学生上台摆出以下图形：

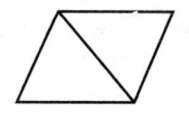

这本是我接着要摆并引入主题的方法，但学生将其提了出来，于是，我取消了继续摆的预设思路，说："好吧！既然同学们这么聪明，下面我们就来摆小棒，请同学们边摆边在表格中填出结果。"

学生边摆小棒边填表格。

三角形个数	小棒根数
1	
2	
3	
4	
5（先猜再摆）	
6（先猜再摆）	
我发现了：	

……

镜头二

操作结束后，我请一位同学汇报结果，回答分别是3，5，7，9，11，13。

这时，有几个学生提出了不同意见。

一位男生说："老师，我摆4个三角形只用了6根。"

这位同学摆的是1个立体图形，先用3根摆了1个三角形，然后把3根立起来形成三棱锥，这样确实摆出了4个三角形。多么巧妙的想法呀！

师：你们对这位同学的摆法有意见吗？

生：他摆的是立体的图形，我们要探究的是平面的图形。

于是，我表扬了那位同学很有创意，并再次强调我们今天研究的是"平面图形"的情况。

生：我用7根小棒摆出了8个三角形。如右图：

生：我用9根小棒摆出了5个三角形。如右图：

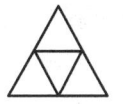

生：我摆6个三角形只用了12根。

看着学生越来越高涨的探究热情，我想我需要浇点水了……

镜头三

师：同学们提出了这么多富有创意的想法，真让老师高兴。但我们今天的主题是规律，这么多想法不利于我们发现规律。这个问题出在老师身上，是老师刚才没讲清楚。

（于是，我在黑板上重新进行了操作）

师：（指着右图）我们今天探究的是在摆这样的图形的前提下三角形个数与小棒根数的关系，而不是探索如何用最少的小棒摆出最多的三角形。

在孩子们的思路统一后，我引导他们观察三角形个数与小棒根数的关系。由于这个规律并不是很深奥，探索变得非常顺利，很多孩子都能发现"每多摆1个三角形就增加2根小棒"。最后，当我提出问题"如果摆n个三角形，需要几根小棒"时，孩子们马上回答："$2n+1$"。

至此，探索规律的目标达到了。

思　考

在课堂上，学生出现了这么多的想法，确实是我在备课时没有想到的，我在欣赏孩子们富有创意的作品时，也在反思自己的教学过程。为什么孩子会出现这么多意料之外的想法呢？应该说，这是我惹的"祸"，因为我在操作开始前未做明确要求就急于进入主题。于是，才有了镜头三"亡羊补牢"式的教学策略调整。虽然通过及时引导，最后也达到了同样的目的，但在这个过程中显然用了比较多的时间，导致课的结尾比较匆促。

这个教学过程，使我认识到自己理解把握教材的能力还有待提高。

同时，我也在反思这样一个问题："学生的生成有没有价值？"

我的教学预设是，如果没有学生主动提出"我可以用5根小棒摆出2个三角形"，老师就先摆出相应的图形，然后对学生提出要求："一定要按这样的方法横着摆连续的三角形，从摆第一个三角形开始就边摆边记录，把三角形的个数和对应的小棒根数填进小组记录表中；二要认真观察，看摆出的三角形个数与所需小棒根数之间有什么规律，在小组内交流。"

可以说，课堂上这些意外的生成是由我在前面的"失误"造成的。当学生说"我可以用5根小棒摆出2个三角形"并在黑板上摆出时，我以为学生对这种摆法已经清楚了，就直接让学生边操作边填表格，而没有引导学生先发现规律——"每多摆1个三角形就增加2根小棒"。而没有这个规律的限制，学生的思维就非常开放，很多孩子就把"用最少的小棒摆出最多的三角形"当作操作的目标了。但也正是这个"失误"，让我欣赏到了孩子们富有创意的作品及他们敢于表现自我的勇气。

如果提出明确的要求，学生的操作与思维就会按照教师的预设进行，课堂也就会让人感觉"非常顺利"。但是否可以认为这是比较理想的课堂效果呢？在这节课中，正是学生这些意外的想法，给我与学生带来了考验，可以说我与学生都经历了一场深刻的思维训练。我在课堂上必须判断，这些资源是否有价值，应该如何回应。在这节课中，我没有直接解答，而是把问题抛给学生，让他们来说说为什么这些做法不符合要求，引导学生对不同观点进行争论。在这场思维冲突中，学生对规律的发现虽然经历了坎坷，但却印象深刻。学生在辨析中明确了探索规律需要有一定的前提，因此，在以后的操作活动"摆正方形并发现规律"中，学生就没有出现类似的思路。而且，学生在回答时都能自觉地加以说明，比如："在老师的'前提'下，我用16根小棒摆了5个正方形。"

受到学生的启发，在课的结尾，我这样说道："这节课我们探索的图形规律是在老师规定的前提下，那么图形中是不是还有其他规律呢？请你们在课后继续探究，这次不用考虑老师的'前提'，就根据你们在课堂上出现的这些想法进行。老师等着分享你们的研究成果！"

这次教学实践，让我再次思考：教育，是否可以少些"前提"？备课，是否要努力使设计尽可能完美?

当然,提高课堂的捕捉资源意识与回应能力,从而提升自己的教育智慧,是每个教师均应努力的方向,只有这样,才能在变幻莫测的课堂中绽放出"精彩"!

1.2 练习中的精彩

作为了解学习情况的途径,学生的作业、考试是必不可少的。而学生答题的过程,往往也蕴藏着许多值得我们思考的资源。

案例 关于考试命题的思考

在当前课改的大背景下,评价制度改革依然滞后于教材和课堂教学改革。越来越多的教育专家和一线教师认为,只有深入探讨科学的考试方案,才不会造成课堂与考试相背离的现象,才能使教师加强对课改的信心,也才能使课改得到良性发展。笔者认为,可以把命题改革当作考试改革的突破口,用新理念指导数学考试的命题,从而发挥评价的激励、导向功能。

一、试题介绍——精彩源于好的试题

题目1:在下边方格图里,请你自由选择6个小方格并把它涂黑,使它们构成一幅具有对称美的图案。

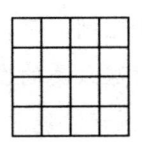

考试后,笔者抽查了一个班级的试卷,学生一共有48人,做对的有44人。具体情况如下:

8人　　　　8人　　　　5人　　　　5人　　　　4人

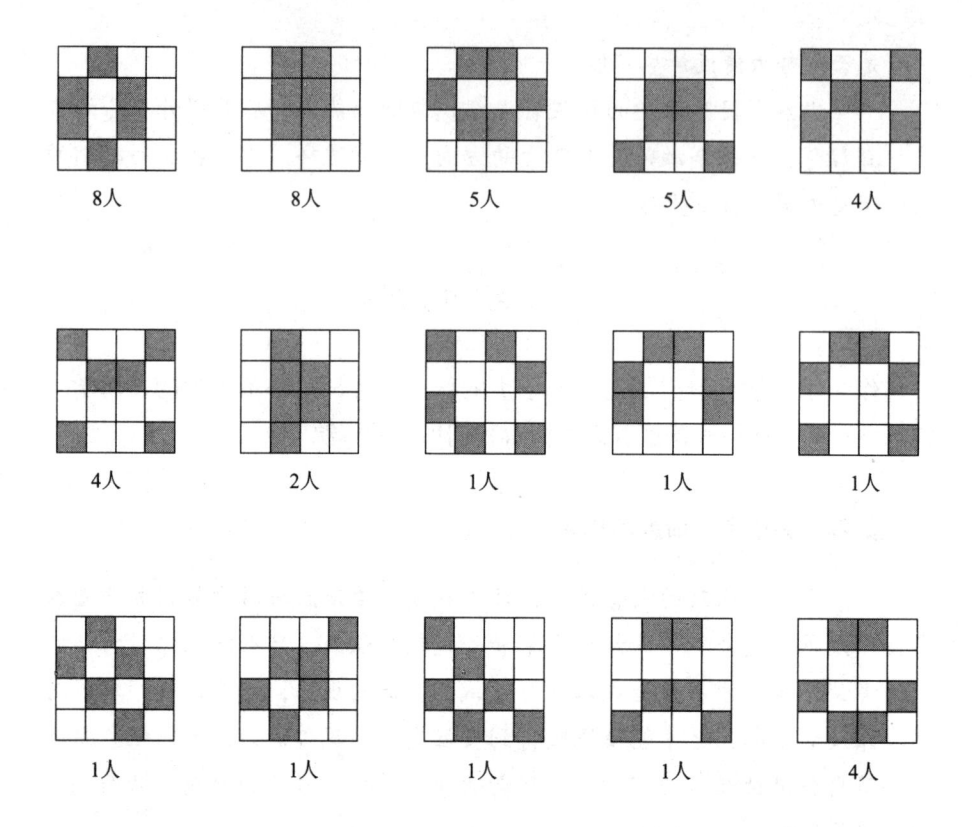

4人　　　　2人　　　　1人　　　　1人　　　　1人

1人　　　　1人　　　　1人　　　　1人　　　　4人

[评析] 这是一道具有开放性的试题，学生答题的正确率为91.7%，说明大部分学生对对称图形知识掌握得较好，而且很多学生已不满足于仅仅画出一个对称图形，还在美的方面动脑筋。从这些小设计家们的答案中我们可以感受到个性的涌动、灵气的绽放，而这都是源自题目给学生留出的思维和创造空间。可以说，没有对知识的真正理解和良好的想象能力，是画不出这么美的图案的，没有这样好的开放性的试题，我们也看不到学生的设计潜能。

题目2：看图回答问题：

1. 这是什么统计图？
2. 1999年世界人口总数比1976年增长了百分之几？
3. 这张图反映了世界人口增长的趋势，请你谈谈自己的看法。

单位：亿人

2000年8月

世界人口增长情况示意图

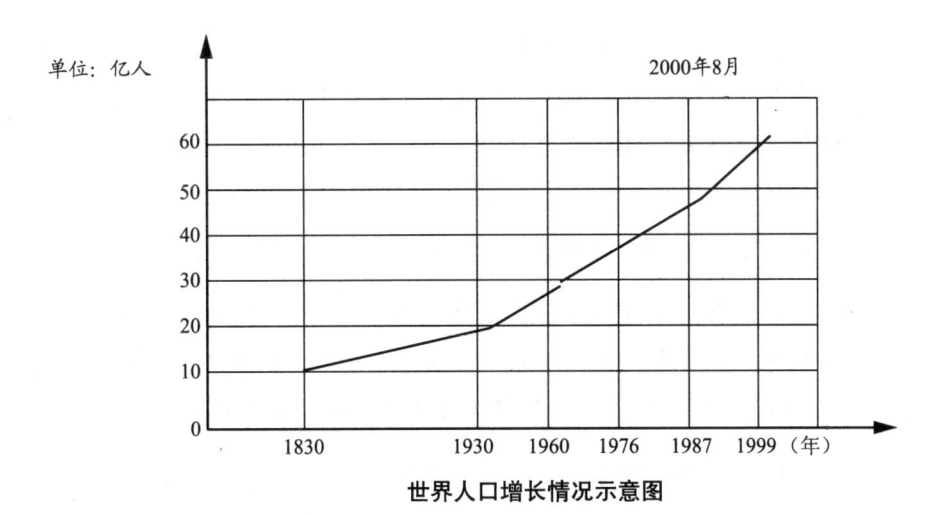

对于第三个问题，学生有很多精彩的答案，例如：

（1）从这张图中我们发现：1830年时人类虽经历数千年的繁衍生息，人口只有10亿。然而，之后不到200年的时间里，人口就猛增到60亿。从这个方面来看，人类科技发展速度很快；但从另外一个角度看，危机在向人类步步逼近。一旦人口数量控制不住，自然将会承受不住巨大负担，人类将没有生存空间，食物将供不应求，疾病将肆意横行……因此，我希望世界各国能加大力量控制人口增长的速度，实行计划生育，让我们的子孙有立足之地！

（2）世界人口增长的趋势实在令人吃惊，在1830年到1999年这169年间，世界人口疯狂地增长了好几倍。如果按这个趋势发展下去，2168年人口将达到360亿，我们应该实行计划生育，否则，后果将不堪设想。

（3）如果人口增长过快，就会导致生态不平衡。因为地球已经很苍老，而且人口多，耕地少，人均资源相对不足，人口增长要是还是那么快，地球将会毁灭在人类手中。

[评析]这道题目很好地体现了知识评价和能力评价的统一，考查了学生的综合能力。题目中，第一个问题是考查学生对折线统计图的认识。第二个问题是考查学生的统计知识应用能力，学生在解答这个问题时要从图中寻找、筛选、提取有用的信息。从中可以了解学生的

看图和计算能力，这不是传统的应用题所能比拟的。第三个问题则是考查学生的综合分析能力，学生在解答这个问题时要联系其他学科的知识，提出自己对社会问题的看法。从答题情况可以看出，小公民意识正在学生身上逐渐萌发，数学学科的育人价值得到了凸显。

二、案例以外的思考——数学考试命题应注意什么

从以上内容可以看出，好的试题不但可以检测学生的学习情况，而且对培养学生积极的情感、正确的态度都有促进作用。那么，数学考试命题应注意什么呢？笔者认为可以从以下几个方面入手：

1. 关注学生的情感、态度，体现人文性

《数学课程标准》（2011年版）指出："数学是人类文化的重要组成部分。"数学文化也可以体现在命题中。命题时可以在试卷中写上导语，如某市2003年小学毕业数学测查卷，在卷首写上："亲爱的同学，你即将小学毕业了，祝贺你！这张卷子帮助你回顾、检查小学阶段学到的数学知识，请不要紧张，只要你认真审题、仔细思考、书写工整，一定能发挥出自己最好的水平。"在卷尾写上："做好啦！再仔细查查吧！祝你考出好成绩！"另外，可以给题目改改名称，如将填空题改成"对号入座"、"知识宫里乐趣多"，将计算题改成"神机妙算对又巧"，将判断题改成"择优录取"、"看谁选得准"，将作图题改成"操作实践显身手"、"看谁的手最巧"，将应用题改成"解决问题我最行"、"生活处处用数学"。

实践证明，这样的导语和题目名称得到了教师们的赞赏，很多老师在反馈卷中这样写道："这些导语充满人文关怀，能激发学生作答的兴趣，增强他们答题的信心。既能让学生感到舒心、光荣应试，又可缓解他们的紧张心理，很好！""这些导语体现了课改精神，能让学生在劝慰中充满自信，很多学生的书写比平时工整，考出了理想的成绩。"

2. 适当增加主观试题的分量，体现开放性

在数学试卷命题中，必然有客观性的试题，并且基本知识技能应占有较大的分量，以确保多数学生能够达标，体现"下要保底"的要求。但是，仅仅有计算题、选择题以及填空题等客观题是不够的，这些试题只有一个正确答案，而且往往只要求写出结果，不要求写出过程，

通过它们往往只能考查了解到学生掌握的一些零碎的数学知识，而学生的思维水平、数感、空间观念等重要的数学能力无法得到考查。因此，在命题时可以适当增加主观试题的分量，但要注意，体现开放性并不是要难倒学生，而是要尽可能做到"活而不难"，让不同的学生在数学能力上有不同的发展。

3. 注重知识评价与能力评价的统一，体现综合性

知识评价是考查学生对数学学科所规定的理解、记忆、掌握程度的评价。能力评价是指对学生在教学过程中所表现出来的运算能力、空间想象能力、逻辑思维能力、分析问题和解决实际问题能力等的程度、水平的评价。数学教学必须培养学生的数学能力，这是大家达成共识的，对学生的能力评价也是不可偏废的。因此，命题时应该注意把知识和能力评价统一起来。

4. 加强数学与生活的联系，体现应用性

数学来源于生活。很多数学问题，本身就是人们在生活实践中发现和提炼出来的，让学生运用所学的数学知识，解决生活实际问题，是数学教学的重要目的。让学生在自己的生活实践中发现前人已经发现的数学问题，对学生来说也是一个创新的过程。因此，在数学教学和考查中努力让学生体会数学与生活的联系，既可以加深学生对所学知识的理解，又能让学生进一步体会数学的价值，增强学习和应用数学的信心。比如："请说出生活中哪些物体运用了三角形的特性。""小明想：我身高1.5米，到平均水深1.4米的游泳池学游泳不会有危险。他这样想对吗？为什么？"这些问题不仅可以考查学生的数学知识，而且可以使学生在答题的过程中感受到生活中处处有数学，处处需要运用数学知识解决生活问题，从而有效地把学生的知识世界与生活世界沟通起来。

5. 拓宽命题途径和素材，体现时代性

在科学技术高速发展的信息社会里，数学命题也应该体现时代性，要拓宽命题的途径和素材。可以结合社会热点、焦点问题命题，如人口、环保、节约用水、旅游购物、利息和纳税等问题，都可以作为数学命

题的素材。这些真实的问题符合学生的实际，贴近学生的生活，不仅可以提高试题的质量，而且有利于引导学生关注国家、社会、人类的命运，建立正确的数学观，增强他们用数学、理解数学的意识和能力，让他们深刻地体会到数学的学科价值。

课程改革是一项复杂的系统工程，教学评价是课程改革的核心环节和根本保证。考试改革既是课改的"重点"，也是课改的"难点"，如何使之成为课改中的"亮点"，是我们每个教育工作者都应该思考的问题。这项工程可谓任重而道远，愿有更多的同行走上这条探索之路。

1.3　学习中的困难

在学习过程中，总有一些学生会遇到困难，有时，我们只是简单地将之归结为学习水平的差异。殊不知，这些困难往往可以给我们提供"以学定教"的反思视角。

案例　关于学生"作高"困难的分析与思考

缘　起

在一次集体备课时，同年段的老师谈起教学问题，大家不约而同地都谈到了学生在"作高"方面的困难。我校用的是人教版教材，"作高"是四年级上册"平行四边形和梯形"单元的教学内容，配套的教师用书上建议"本单元可用6课时完成"，但实际上，多用了3课时，仍感觉学生在概念理解及作图方面的学习成果不尽如人意。在"作高"上，学生的错误率非常高。

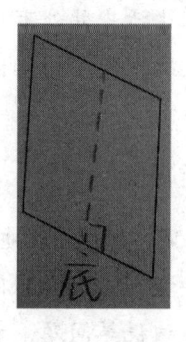

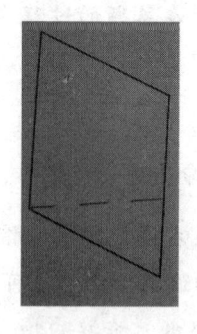

学生"作高"时出现的比较典型的错误有以下几种。

1. 画错或者不标准、不规范。比如过中线画、凭感觉画、近似垂直，等等（如上图）。

2. 变换位置后，学生对于"非标准图形"（学生生活经验中的底是水平的），找不准相应的"高"，或画不出正确的"高"（如下图）。

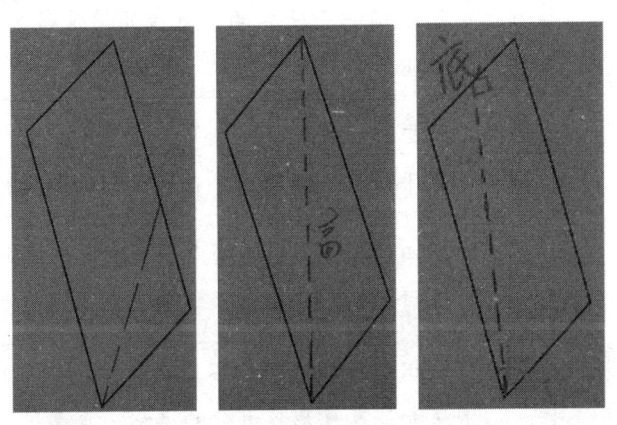

3. 在需要运用作"高"的知识解决问题时，例如，在一个平行四边形的草坪对边之间修一条最短的路，"高"的名称没出现，学生就容易出错。

读懂学生：困难因何而来

1. "高"真的不简单

学生认识并会正确画出相关平面图形的"高"，是学生的空间观念的一次重要飞跃。要真正理解平面图形的"高"，就必须了解以下几点：其一，它与生活经验中的"高"不同；其二，它与相应的边是相互依存的关系；其三，它不受图形旋转、位置变化的限制；其四，它是一条垂直线段，是有长度的。只有在上述认识的基础上，学生才能真正理解图形的"高"。可以说，简单的"高"，其实并不简单。

本单元是学生第一次认识"高"这个数学概念，他们对"高"的正面感知还不够。成人拿到一个图形很快就知道"高"怎么画，那是因为我们在没有画之前就已经知道了"高"在哪里。而学生因为对"高"的表象积累得还不够，面对图形时没有办法在头脑里反映出正确的"高"，因此无从下手。

2. 教材实在有点难

人教版数学教材四年级上册关于"垂直与平行"，编排了以下内容。

标题	例题	具体内容及要求
垂直与平行	例1	认识同一平面内两条直线的特殊位置关系：平行和垂直。
	例2	画垂线，认识"点到直线的距离"。
	例3	画平行线，理解"平行线之间的距离处处相等"。
平行四边形和梯形	例1	把四边形分类，概括出平行四边形、梯形的特征，探讨平行四边形和长方形、正方形的关系。
	例2	认识平行四边形的不稳定性，认识平行四边形的底和高及梯形各部分的名称。画高。

综观本单元教材，有以下两个特点：

（1）概念多。本单元比较重要的概念有平行、垂直、垂足、距离、平行四边形、梯形、高、底。概念多且集中，再加上课时的限制，学生往往没办法学深、学透。例如，课本第74页的判断题"两个高相等的平行四边形拼在一起还是平行四边形"，"两个完全一样的梯形可以拼成一个平行四边形"，没有经历丰富的操作、辨析、讨论等活动，学生是难以真正理解的。

（2）难点集中。教师用书上这样写道："……这一单元涉及许多作图的内容，如画垂线、画平行线、画长方形和正方形、画平行四边形和梯形的高等，对四年级学生来说，这些都有一定的难度。教学时要加强作图的训练和指导，重视作图能力的培养。"可见，编写者对这一部分内容的困难也是有预见的，但教学中，学生出现的困难还是有点出乎教师的意料。

在本单元的学习中，学生对"垂直与平行"理解起来比较容易，但要让学生掌握垂线与平行线的画法，则需要一定的时间。如果这个工作没有做细，就会让学生养成凭感觉作图的习惯。在学生还未真正掌握画垂线和平行线的技能时,紧接着又要他们学习平行四边形和梯形,并要求作"高",这样的教材编排显得有点"先天不足"。作"高"的知识基础是点到直线的距离,能力基础是画点到直线的垂线。由于各知识点教学时间紧挨着,学生没有足够的时间积累丰富的画垂线的经验。

另外,教师在教学新知时对学生的困难估计得不够,未能采取更为有效的应对策略。这些因素也造成了学生作"高"时错误率高的结果。

思考对策:破解困难的良方

1.对比分析,重组教材

笔者对人教版、北师大版、苏教版教材相关内容进行了比较。

北师大版教材在四年级上册学习"平行与垂直",让学生掌握画平行线和垂线的方法,到五年级上册才学习作高。教材创设了一个"动手做"的情境(如下图),让学生通过操作积累对"高"的表象认识。然后,通过"认一认"活动,直接在平行四边形、三角形、梯形等图形中标出"底"和"高"的名称。

动手做

这是一块平行四边形的木板,我想做一个尽可能大的长方形桌面,该从哪里锯开呢?

用附页1中的图1试试看,你有几种方法?

苏教版教材在四年级上册学习"平行与垂直",到四年级下册教学平行四边形和梯形的特点以及它们的高。在四年级上册教材中,让学生画平行线之间的垂直线段,并通过度量发现画出的所有垂直线段长度都相等。这成为四年级下册教学平行四边形和梯形的高的起点。在四年级下册相关内容的编排中(如下图),教材重视提供"非标准图形",

有利于帮助学生形成对高的充分认识。

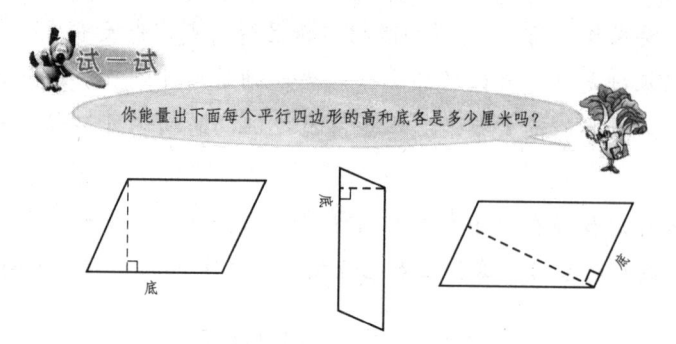

试一试

你能量出下面每个平行四边形的高和底各是多少厘米吗?

人教版教材在一节课的内容编排中要求认识平行四边形的不稳定性，以及平行四边形的底和高及梯形的各部分名称（如下图）。意在让学生理解平行四边形的不稳定性的操作活动与认识底和高及作高等知识点没有直接的联结点，甚至会对之产生干扰。而在"做一做"中要求学生画高，提供了两个标准图形，只能让学生停留在简单模仿的层面上。

从平行四边形一条边上的一点到对边引一条垂线，这点和垂足之间的线段叫做平行四边形的**高**，垂足所在的边叫做平行四边形的**底**。

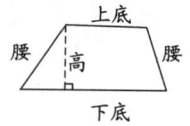

看右图，说一说梯形各部分的名称。

两腰相等的梯形叫做**等腰梯形**。

做一做

1. 说一说日常生活中应用平行四边形容易变形这一性质的例子。
2. 画出下面两个图形的高。

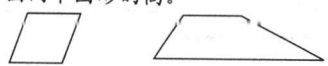

基于以上分析，再结合学生在学习过程中存在的实际问题，笔者认为，在教学人教版教材这一单元的内容时，可以借鉴其他版本教材的编排思路，适当分散难点，给学生提供经验积淀、能力形成的时间和空间，更好地帮助学生破解困难。例如，北师大版的动手操作感悟"高"、苏教版的非标准图形练习都是值得借鉴的做法。

2. 重视操作，理解概念

"直观和经验是概念建立和发展的基石。"儿童的空间观念形成要经历这样三个阶段——"具体——半具体、半抽象——抽象"，这三个阶段的过渡，需要教师提供"梯子"。实验操作就是学生学习过程中的一把"梯子"，在儿童形成空间观念的过程中具有不可替代性。例如，在学习平行四边形的高时，可以借鉴北师大版教材的问题情境"用一块平行四边形的木板，做一个尽可能大的长方形桌面，该从哪里锯开呢"，先出示问题，然后引导学生用平行四边形的纸来模拟操作过程。又如，在画三角形的高时，先引导学生思考"怎样把一个三角形分成两个直角三角形"。这样，通过"折纸"游戏，学生经历了"想一想、折一折、画一画、说一说"的数学活动，把操作与思考充分结合起来，不但积累了"高"的表象，也加深了对"点到对边"、"垂直线段"等概念本质的理解。

关于"高"，人教版教材是这样定义的：从平行四边形一条边上的一点到对边引一条垂线，这点和垂足之间的线段叫做平行四边形的高，垂足所在的边叫做平行四边形的底。学生理解这句话存在困难，也间接造成了画高时出现困难。于是，我引导学生用自己的语言说说，什么是平行四边形的高。有学生这样说："在平行四边形的一组对边之间画一条垂直线段，这条垂直线段叫做这个平行四边形的高，这组对边叫做平行四边形的底。""两条对边之间的垂直线段叫做平行四边形的高。"在平行四边形中，一条高对应两条底，两条底之间可以画无数条高，因为一个平行四边形有两组对边，所以平行四边形中就有两种高。如果只是教师简单地"告诉"，学生往往不能真正理解，而由学生自己去发现，他们理解起来就要容易得多，并且这可以为五年级学习平行四边形面积时选择对应的底与高相乘打下坚实的基础。"我们不应要求学生不加理解地死记硬背各个概念的数学定义，恰恰相反，在数学教学中我们应当积极鼓励学生用自己的语言去说出对相应概念的理解与领悟。"（郑毓信语）因此，对于数学概念的学习，我们是否可以这样理解：学生"不严密的理解"会比"严密的不理解"更好一些。

3. 善用变式，凸显本质

变式就是从不同角度组织感性材料，变换事物的非本质特征，在各种表现形式中突出事物的本质特征，从而使学生对概念的理解达到越来越高的概括化程度。"反例就是故意变换事物的本质特征，使之质变为与之形似的其他事物，在比较与思辨中反衬和突出事物的本质特征，从而更准确地认识概念，在教学中反例常常和变式一并提供。"（张兴华语）对于学生来说，"高"是一个抽象的概念，因此，恰当运用变式和反例有助于学生的学习。

比如，可以设计"找高"练习。如右图：图形中哪条线段是平行四边形的高？为什么？

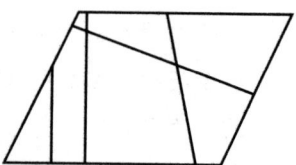

我们可以引导学生根据高的定义，在图中找出正确的高，并辨析另外几条线段为何不能称为平行四边形的高。在这里，正例与反例同时呈现，学生在辨析的过程中，再次深化理解了"高"所必需的"点到对边"、"垂直线段"、"无数条高"等特征，凸显出平行四边形"高"的概念的本质。

另外，因为学生生活经验中的平行四边形大多是"底"平行于水平线的图形，为了丰富学生的数学经验，可以提供一些非标准图形，如下图，同样的一个平行四边形，位置发生变化，让学生分别作高，并思考"你发现了什么"。通过动手操作与思考，学生能体会到位置变了，但底和高的关系是不变的。

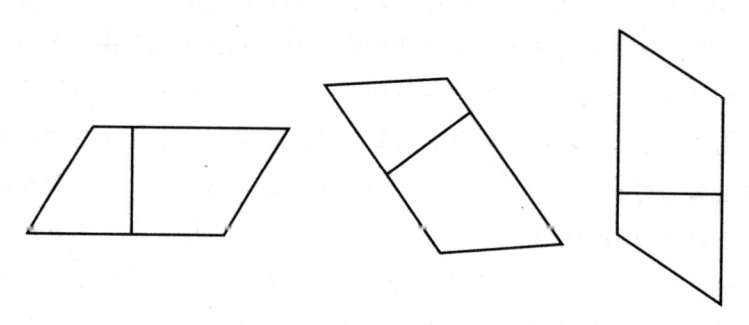

1.4 听课中的感想

自新课程实验开展以来，作为推进教师落实理念、提升水平的有效载体，听课是常规教研活动。那么，是为了应付任务而听课？还是不仅把听课当作学习的机会，而且善于捕捉资源，将之作为自己开展研究的素材呢？

在新课程实验的听课过程中，我常常会遇到下课铃声响了而教师的教学任务还没完成的情况；在与教师交谈时，也经常听到关于预定教学内容往往教不完的反映。而且，有的教师因此产生了困惑："是不是活起来的课堂就是这样的呢？""教不完是课改中的正常现象吗？"我们知道，课堂情况是千变万化的，有时为了处理偶发事件而不能完成预定教学任务，是正常现象，但如果这种情况经常出现，就应该引起我们思考。时间浪费在哪里了呢？下面，结合听课中遇到的一些现象谈谈自己的看法。

教学活动偏离数学主题

现象：有一位教师在教学北师大版第二册"高矮"一课时，出示了课本中的情景图，说："谁能根据这幅图编一个故事？想好了跟同桌说说。"有一个小女孩是这样编的："星期日，小东和小红到公园里玩……"教师表扬她讲得好，又提问："你们能根据这幅图来提数学问题吗？"学生非常踊跃地回答："有两个小孩子，一个老爷爷，一共有几个人？""有一辆蓝色的车，又开来一辆红色的车，一共有几辆车？""有一盏红灯、一盏绿灯、一盏黄灯，一共有几盏灯？"……这时，教师有点急了："你们看，这三个人谁高谁矮？"总算引到主题上了，但已用去了17分钟，因此，这堂课就完不成任务了。

分析：有专家说过："数学课应有数学课的特色，不要纠缠于情景上的细节而忽视了学生对数学知识的掌握。"不可否认，在这节课的教学过程中，学生的想象能力和口头表达能力得到了发展，但为此占用的时间太多了，而且局限于少数学生个性的发挥，使得一些面向全体学生的活动和练习不能有效落实，没有使所有学生都得到发展。

我们不妨再看看教材，"高矮"一课分为四个活动系列——"说一说"、"比一比"、"做一做"、"练一练"，而且在"说一说"后面注明了"谁高，谁矮"，显然，编者也不想在这个环节多费时间。因此我认为，这节课在"说一说"的环节就可以单刀直入，直接提问："这三个人当中，谁高谁矮呢？"然后结合学生回答问题的情况进行尊老助残的教育。在学生明确"比较高矮有的可以直接看出，有的需要用比较方法"后，让学生感受亲身实践的必要性，从而引出下一个活动"比一比"。本课的教学重点应放在"比一比"这个活动中,让学生经历比较事物高矮的过程,体验具体的比较方法,然后通过有效的练习帮助学生深化、理解知识。当数学课上学生的回答偏离数学主题时,教师应及时加以引导,这样才不会出现被学生牵着鼻子走的被动现象。

收集学生学习信息的方式单一

现象:北师大版第二册"跳绳"一课中,有一个"画一画"的活动。有位教师是这样处理的:让学生在格子图中涂色,并写出算式。学生汇报时教师把学生的作品贴在黑板上,并写出学生口答的算式,如 $1+8=9$, $8+1=9$, $9-1=8$, $9-8=1$ 等。在整个过程中,教师以"谁还有不同的涂法和算式"为引导语让学生回答,一共提问了 15 个学生,还是未能把学生的全部做法整理出来(因为有的学生没能写出 4 个算式,教师只好让其他学生补充),但这时已经下课了,原定的"试一试"、"练一练"只好取消了。

分析:本节课教不完的原因是教师收集学生学习信息的方式单一,只采用"一问一答"式的反馈方式。我们知道,这道题体现了新教材解决问题策略多样化的特点,有 9 种涂法和 36 个算式,如果让学生一个一个说,显然很浪费时间。针对这一情况,教师可采取"并联"方式,而不要用"串联"方式,即学生活动教师巡视时,可有意识地选取不同做法的同学到黑板上写算式,然后再组织学生讨论:"他们做得对不对,有没有其他想法?"这样,学生的学习信息可以同时呈现出来,而且信息面比较广,故称为"并联",而一问一答式的反馈方式则称为"串联"。实践证明,运用"并联"方式在数学课堂上能达到省时高效、多方位收集学生信息的目的。有的教师在这个方面已经做了很好的尝试,如南安市洪濑中心小学新基础实验班的潘月娥老师,在她的课堂上,遇到这种情况时,学生能够主动到黑板上写算式,而且学会了分析判断,只有自己的做法跟黑板上的做法不一样时才到黑板上写,这样学生就有一个选择判断的思维过程,可以避免做法重复的现象发生。当然,学生的这一习惯和能力并不是一朝一夕就能培养成的,老师们可以结合自己的实际做做尝试。

创设情境简单重复

现象:一位教师在教学北师大版一年级下册的"统计"一课时,按照"创设情境——组织调查——拓展应用——总结延伸"的流程进行，在第三个环节组织学生四次观看动画片《生日快乐》。片段如下：

教师说："动物王国里住着许多可爱的小动物，今天是狮子大王的生日，他的许多朋友前来祝贺。"之后组织学生第一次观看动画片《生日快乐》，并提出问题："各种动物来了几只？"学生由于是无意识地观看，只能凭记忆说出有几种动物，但对各种动物具体来了几只，学生回答不出来。

教师第二次组织学生观看动画片，虽然这次学生是有意识地观看，但由于绝大部分学生没有掌握科学的记录方法，所以难以记录清楚。于是，有学生提议再看一遍。教师再次播放，看后组织学生讨论交流收集、整理数据的方法，学生汇报可以用打钩、画星、数数等方法记录。教师又一次组织学生观看，学生小组合作进行记录，得出统计结果。

分析：在原设计的"练习巩固，拓展应用"环节中，教师组织学生四次观看动画片，前后用了20分钟时间。笔者认为，执教者在进行数学活动设计时目标意识不够强，创设情境重复是导致这节课的教学任务不能按时完成的主要原因。观看动画片的意图就是让学生在生动有趣的情境中经历对数据的收集与整理过程，从而达到对所学知识进行巩固、提高统计能力的目的。当学生在第一次播放后难以记录数据时，就应组织学生思考、讨论"如何合理有效地收集整理数据"。然后第二次播放动画片，让学生用自己喜欢的方法边观察边记录，这样就可节省下两次播放动画片的时间，多给学生一些思考、交流的时间。另外，这是"练习巩固"环节，从课堂的动静结合角度和关注学生全体角度来看，这时最好让学生安静地观看动画片，并动手记录，这样才能保证每个学生都得到有效练习。

引起教学内容教不完的原因还有很多，如有的教师把练习题当例题教；有的教师课堂调控能力不强，放得开收不起；等等。为了学生的发展，我们要做到该用的时间不要吝啬，不该浪费的时间一秒也不要浪费。因此，教师要加强教学反思，努力找出其中存在的问题，这样才能使自己的教学实验少走弯路，取得成功。

2. 深度思考

2.1 进行调查研究

"没有调查就没有发言权。"这句话对教学研究,也是适用的。作为一线教师,我们可以通过调查了解学生的学情,以提高备课的质量;我们也可以通过调查对比数据,进行深入的分析与思考。

张梅玲教授的《如何通过知识学习促进学生智慧增长》一文中有这样一段话:"在上世纪 80 年代中期,我们曾在小学四年级一个 48 人的班级里,就'小学生能否用课本上学到的知识去解决实践中的问题'这个课题作过一次测查。测查的内容是有关平均数的知识。我们先测查了 5 道有关平均数的应用题,全班平均成绩达到 95 分,这表明绝大多数学生已能解答课本上有关平均数的应用题。然后,我们提出这样一个问题:'有一条小河平均深度为 1.5 米,现在有一个身高 1.7 米的人不小心掉进小河中,这个人会不会死?'约有 $\frac{2}{3}$ 的学生认为'因为这个人的脖子还在外面,所以不会死'。约有 $\frac{1}{3}$ 的学生认为,可能死也可能不死,理由是:'这个人会游泳就不会死,不会游泳就会死。''如果头先下去就会死,脚先下去可能就不死。'仅有 3 名学生说:'这条河平均深 1.5 米,那么有的地方不到 1.5 米,有的地方比 1.5 米还深,要看这个人掉在什么地方,还要看他会不会游泳。'为什么学生能正确解答平均数的作业题,而不会用平均数的知识解决生活中的问题呢?"读到这个例子,我很感兴趣,也产生了一个问题:二十多年过去了,现在的情况怎样呢?于是,我进行了一次调查。

我把张梅玲教授的问题改成判断说理题:"有一条小河平均深度为 1.5

米,一个身高 1.7 米的人不小心掉进小河中,这个人会不会死?为什么?"并对我校四年级两个班共 100 名学生当堂进行了调查。调查结果如下:

1. 回答"不会死"的有 24 个学生,占 24%,他们主要认为"人的身高比小河的水深多出 20 厘米"。

2. 回答"会死"的有 43 个学生,占 43%。其中有 7 个学生的回答与平均数的意义无关,如"如果是失足,就会横着倒下,那么那个人会被淹死"、"因为水位已超过嘴,所以会死"。其余 36 个学生的答案均能体现对平均数意义的理解,如"1.5 米是平均深度,有的地方比 1.5 米浅,有的地方可能比 1.7 米深"、"会死,因为掉进去的地方有可能是 1.8 米",等等。

3. 回答"有可能会死"的有 33 个学生,占 33%。其中 3 个学生回答的理由与平均数的意义无关,如"我们不知道这个人是脚先下水还是头先下水,如果头先下水就会死"、"可能会死,因为这个人被吓死了"。其余 30 个学生都能根据平均数的意义回答,如"因为那条河平均深 1.5 米,说不定掉下去的地方是 1.8 米或 1.9 米,所以可能会死"、"可能会死,因为平均深度并不代表他掉落的地方的深度",等等。

对比两次调查的数据,可以发现回答"肯定不会死"的人数从 20 世纪 80 年代的约 67% 降至 24%,回答"会死"或"可能会死也可能不会死"并能运用平均数意义进行解释的从 80 年代的约 6% 升至 66%。这一降一升的背后有许多值得我们品味的东西,从某种程度上也反映出数学教学正逐渐从注重知识结果转化为同时注重过程与结果。然而,在新的课程背景下,关于平均数的问题仍然值得我们深入思考。

一、如何理解平均数

平均数是一个统计术语,它的基本思想是所有数据的和除以数据的总个数,体现全体数据的一般水平,对数据总体起着"中心"代表的作用。对于小学阶段统计方面的术语,《数学课程标准》(2011 年版)明确指出,应"体会平均数的作用,能计算平均数,能用自己的语言解释其实际意义"。因此,应注重对统计量的意义的理解,淡化对术语和纯计算的考查。

从平均数相关内容在教材中的呈现情况看,各种版本教材在编排时都充分考虑了与现实生活的密切联系,并注重结合具体案例组织教学。如北师大版教材中的"投篮比赛",苏教版教材中的"套圈比赛",人教版教材中的"收集矿泉水瓶",等等。这些情境的创设为教师在教学中落实新的教学理念和目标提供了重要的载体。例如,北师大版教材设计了两个组投篮比赛的情境,问:用什么数作为每个队"实力"的代表值?学生很容易想到用总数。人数相等时,比总数是合理的。但人数不等时,比总数就不公平,因此必须引入一个新的"量"。这样,自然而然地让学生体会到引入平均数的必要性,体会到平均数这一概念在统计中的作用。从编排来看,教材中并没有给出求平均数的公式,重点不是让学生学会求平均数的公式,而是让学生理解平均数的意义,描述、建立平均数的算法模型。

二、如何教学平均数

1. 在具体的情境中体会平均数的意义

在传统的小学数学教学中,平均数是作为一种典型应用题开展教学的,教师们在教学中一般要引导学生归纳出"总数÷总份数=平均数"的解题要点。这样的做法掩盖了"平均数是描述一组数据集中趋势的量"的统计学本质。因此,在新课程背景下,教师要注意设计具体的情境让学生体会平均数的意义。如吴正宪老师执教"平均数"时,在学生会算平均数后,不是进行大量的练习以巩固平均数的计算方法,而是引导学生结合求得的拍球平均数谈"什么是平均数"。生1说:"平均数就是把'大数'多的部分往'小数'上匀乎匀乎。"生2说:"平均数是一个虚的数,比最小的数大一些,比最大的数小一些,在最大的数和最小的数中间。"生3说:"平均数不是某一个人具体的拍球数量,它代表的是几个人拍球的平均水平。"在吴老师精心创设的情境中,在亲身感受中,学生用自己稚嫩的语言道出了他们对平均数意义的理解,虽然这些只是初步的,但是非常有价值。如果教师告诉学生平均数的意义,学生记住的往往只是一知半解的文字。以问题为载体,启发学生思考,有助于学生更深刻地理解平均数的意义。

2. 在活动中发展数据分析观念

《数学课程标准》(2011年版)明确指出,在义务教育阶段,学生学习统计与概率的核心目标是发展"数据分析观念"。使学生树立数据分析的观念，最有效的方法是让他们投入数据分析的全过程。各版本教材关于平均数的练习都设计了实践活动，如北师大版教材安排了"调查小组同学的身高并计算小组的平均身高"，苏教版教材安排了"运动与身体变化"等实践活动。有位教师在"运动与身体变化"一课中，设计了以下活动：（1）研究原地跑步引起的脉搏跳动变化。全组同学一起计算本组四人运动前的脉搏跳动次数的平均数、原地跑步30秒后的平均数以及原地跑步1分钟后的平均数，再分析每个人的三个数据及全组的三个平均数，看看原地跑步给脉搏带来了什么变化。（2）研究不同的运动给身体带来的变化是否相同，让学生知道不同强度的运动会对身体有不同的影响。在这个活动中，教师引导学生充分经历了"提出问题、收集数据、分析数据和做出判断"的研究过程，学生在活动的过程中得出"运动与身体变化"之间关系的结论。这样的活动为学生综合运用所学统计知识解决实际问题提供了很好的平台，让学生在数据收集、处理、分析的过程中，巩固和加深了对平均数意义的理解，并发展了统计观念。

3. 在计算中培养数感

"数感主要是指关于数与数量表示、数量大小比较、数量和运算结果的估计等方面的直观感觉。"在计算中，它指的是计算策略的"灵活性"和"创造性"，反对过分强调没有思维的计算程序。在学完平均数的计算方法和特点之后，可以引导学生发现计算平均数的一些技巧。如计算平均身高时列式是（144＋146＋142＋145＋143）÷5，可引导学生观察相加的5个数都在140以上，可以先把140拿出来，把题目看成（4＋6＋2＋5＋3）÷5，即把三位数连加化简为一位数的连加，使计算变简单。又如在计算（21＋22＋23＋24＋25）÷5时，可引导学生观察，5个加数是连续的自然数，而且个数是单数，根据移多补少可以确定这组数据的平均数等于正中间的数23。通过这些计算技巧的渗透，帮助学生养成先观察思考再计算的习惯，这有助于发展学生的数感。

2.2 进行比较分析

"比较"是根据一定的标准，把彼此有联系的事物放在一起进行考察，寻找其异同的一种思维方法。而课题研究中的"比较",就是借助"求同存异"来探寻教育教学现象中的普遍规律与特殊规律。"分析"是对收集的资料进行加工、解释和评价,不仅要说明教育现象是怎样的,而且要说明为什么是这样的,分析其形成的原因及过程。比较时应以客观事实为基础,对所有的材料进行全面客观的分析。在研究过程中,运用比较分析会让我们的思考更有深度。

案例　关于算法多样化的思考

"算法多样化"体现了全新的教学理念,是培养学生创新意识与创新思维的最佳平台,是使每个学生都能得到发展的有效途径。然而,在听课过程中可以发现,许多教师对"算法多样化"存在着片面甚至错误的理解。

一、案例介绍与分析

案例1:A老师是一位只有两年教龄的年轻教师,在教学口算除法(九年义务教育六年制小学数学教材第五册)时,有这样一个片段:

教师出示例题69÷3,组织学生小组讨论,看哪个小组想法多。学生汇报时想法各种各样,教师在黑板上板书。

生:$9 \div 3 = 3$,$60 \div 3 = 20$,$3 + 20 = 23$。

生:(具体想法学生表述不清楚)从低位想起。

生:6个十÷3=2个十,9个一÷3=3个一,2个十+3个一=23(书中方法)。

生:$3 \times (20) = 60$,$3 \times (3) = 9$,$20 + 3 = 23$。

教师肯定了学生能积极思考,有多种想法,然后说:"这些方法都可以,以后做这种题目时,你们愿意用哪种方法就用哪种方法。"

案例2:B老师是一位有十五年教龄的骨干教师,她在教学加减法的一些简便算法(九年义务教育六年制小学数学教材第七册)时是这样处理的:

教师出示例题165－97,学生小组讨论后汇报。

生:$165 - 97 = 165 - 100 + 3 = 68$(书中做法)。

生:$165 - 97 = 160 - 97 + 5 = 68$。

生：165 − 97 = 167 − 97 − 2 = 68。

生：165 − 97 = 165 − 95 − 2 = 68。

生：165 − 97 = 100 − 97 + 65 = 68。

教师接着引导学生思考"哪一种算法简便",大部分学生认为是第一种,于是教师在黑板上板书"多减几要加几"并让学生齐读,在接下来的练习中,学生几乎都是按照这种算法计算。

从两节课的总体情况看,教师都在尝试运用新理念指导课堂教学,都能留给学生独立思考的时间,在说课中两位教师强调引导学生感受"算法多样化",从而达到培养学生发散思维的效果。但是,我认为两位教师都未能真正理解"算法多样化"的内涵,两节课都未能真正落实"算法多样化"。

A老师能尊重学生的想法,让学生选择自己喜欢的算法,但是,从《数学课程标准》(2011年版)倡导的理念——"让不同的人在数学上得到不同的发展"这个角度看,这个处理方法无疑是不妥当的。学习了这堂课后,大部分学生还是停留在原来的学习水平上,特别是持第二种想法的学生,对于口算除法的理解还是模模糊糊的,学生的思维和能力没有得到应有的发展。这不是算法多样化追求的目标。

B老师的教学经验比较丰富,能在学生汇报后引导他们进行归纳、概括,最后以一句很精练的结语"多减几要加几"让学生强化理解。我认为,B老师在表面上是鼓励学生做到算法多样化,但潜意识里还是想把学生引到所谓的"标准答案"中。其实,按照学生的想法,第五种做法也许是最简便的,但教师的概括使得这位学生也放弃了自己的做法而随大流。长此以往,学生会形成"课本中的做法最正确"的想法,不利于创新思维的培养,这也不是算法多样化的目标。

二、对"算法多样化"的思考

基于以上分析,我认为应该反思以下两个问题:

1. 怎样正确理解算法多样化?

算法多样化是问题解决策略多样化的一种重要体现,对培养学生的创新意识与创新思维是十分必要的。提倡算法多样化,应鼓励学生独立思考,用自己的方法解决问题。把学生的思维框在书本答案中,是违反算法多样化的目标的，但如果不加选择地让学生愿意选哪一种就选哪一种，这种对算法多样化的理解也是肤浅的、片面的。

我们还应注意，算法多样化和一题多解有着本质上的区别。一题多解关注的是学生个体的发展，常常表现为少数优等生的专利；算法多样化关注的是群体意义上每一个学生个体的发展，它不要求每个学生都用几种方法解决同一个问题，优等生可以用多种方法，也可以只用一种方法，后进生可以只用一种方法。学生人人参与，都可以用自己的方法解决问题，这使得每个学生都能够体验成功，树立学习的信心，而且，学生群体呈现出方法的多样化，为学生的合作交流创造了条件，有利于培养学生的合作意识。

2. 怎样正确对待学生的算法多样化？

在教学中，我们不难发现，有时候学生的算法是为了迎合教师的愿望（越多越好）而拼凑出来的，其本身并没有多大价值，而教师又不能加以指责。那么，是不是应该引导学生进行优化呢？如果引导学生进行优化，会不会和算法多样化提倡个性的目的产生矛盾呢？我想，这一问题困扰着许多教师。

事实上，无论是从数学追求简便的学科特点看，还是从学生的认知心理发展特点看，学生使用的多种算法中总有一些比较科学、简便，如果通过优化，学生能在原有的水平上得到发展，引导学生优化就是很有必要的。因此，算法多样化和算法优化并不存在矛盾，两者可以而且应该统一于学生的学习过程中。当然，在这一过程中，教师必须注意以下两点。

首先，优化的主体是学生。教师应该明确，优化的过程是一个促进学生学会反思、自我完善的过程。教师应把选择判断的主动权放给学生，引导学生进行分析、讨论、比较，让学生在用自己的算法和别人的算法计算的过程中，认识到差距，产生修正自我的内需，从而悟出属于自己的最佳方法。教师要注意：在评价算法时，不要讲优点，而要讲"特点"，把优点让给学生自己去感悟，为学生多留一点思考的空间，使所有学生都能在原有基础上得到发展，这样才能达到优化算法的目的。

其次，教师要明确"优化"并不是统一于一种算法。对于优化，教师应鼓励、引导，但莫强求，应该把优化的过程当作一个引导学生主动寻找更好的方法的过程，尊重学生的选择。如果有学生通过优化掌握了更好的算法，教师应及时给予肯定和鼓励。至于有的学生在优化过程中暂时不能找到最佳方法，教师不要急于求成，只要学生参与了，其情感态度、数学思维就能得到培养，而这些对于学习比较困难的学生来说又是最重要的。

叶澜教授说："没有聚焦的发散是没有价值的，聚焦的目的是促进学生发展。"因此，教师应正确理解算法多样化的内涵，从而进行有效教学，让每个学生都能在原有基础上得到发展。

案例 "中小"试题比较话"衔接"

考试是学生学力评价的一个重要内容，具有诊断、激励、导向功能。中考试题集中反映了数学第三学段的教学内容和要求，是对学生在九年义务教育阶段数学学习情况的总检测，中考试题往往还体现了中学的教学导向。而小学毕业考试因为是测查小学生数学学习水平，也往往反映了小学的教改主流。本文试着从部分中考及小学毕业考试的试题比较入手，谈一些自己对"中小衔接"的粗浅看法，以求抛砖引玉。

一、题型比较：淡化判断题型，避免无谓争论

笔者在网上搜索了近年来各地的中考数学试卷，对其中的题型进行分析，发现基本上有三大题型——选择题、填空题、解答题。而小学毕业考试卷大都有以下题型——判断、选择、填空、计算、操作、解决问题。因为中考试卷中的解答题包括计算、推理或证明、作图、解决问题等题型，所以，两者最本质的区别就是是否存在判断题。小学毕业考试中经常出现的判断题在中考试题中没有出现，这不由得令我想起了经常遇到的一些有争议的判断题。比如"圆的直径是半径的两倍"，有的老师认为是错的，因为没有说明"在同一个圆内"；有的老师认为是对的，因为可以理解成就是同一个圆。持两种观点者均无法说服对方，也无法从某个权威专家那儿得到统一的说法，最后，这样的试题往往成为"送分题"，导致考试的效度受到影响。类似存在争论的判断题还有"$x=0$是方程"，"除2以外，所有的偶数都是合数"，等等。

判断题为何会淡出中考试卷呢？与一些同行商讨后，我认为这是由判断题本身的局限所决定的。我们不妨把判断题与选择题作个比较，判断题只能考查学生对某个知识点是否掌握了，而选择题可以通过设计备选答案考查多个知识点，而且学生靠猜得分的可能性较小。我看到过几份国外的小学数学测试卷，其中均没有出现判断题。因此，笔者认为，在小学考试命题中可以借鉴国外及中考的做法，用选择题或其他题型来取代判断题，从而使教师避免把精力浪费在一些无谓的争论中，把更多的精力用在思考"如何培养学生的'大智慧'"上。

二、数与代数领域：正视计算价值，重视能力培养

在数与代数领域，中小学数学教学内容的衔接主要表现为由正数到有理数、实数，由算术运算到代数运算。前者的衔接环节是负数的初步认识，后者的衔接环节是用字母表示数。此外，在认识、学习数量关系方面，从认识常见数量关系开始，以认识正比例、反比例作为过渡，进入中学后开始较系统地逐步学习函数。相应地，解决实际问题的数学方法，起初全用算术解法，然后引入简单的方程，算术与方程两种解法并存，再过渡到以方程为主的代数解法。

笔者对福州、厦门、深圳的三份中考试卷进行统计，发现其中单纯计算的分值分别为 16 分、16 分、11 分，均占总分的 11%，而在小学毕业试卷中，单纯计算的试题往往要占到 30% 左右。这些数据可以表明，对于计算的要求，中小学有着比较明显的差距，也就是说，在初中阶段，到数与代数领域，单纯计算已经不是考查的主要内容了。而且，计算题并不具有太大的难度，只要学生能掌握基本的计算技能并能熟练应用即可，有关数的繁杂运算都交由计算器代劳。

中考试卷中计算题占的分量比起小学大大减少，但对于解决问题的能力的考核则加大了分量，而解决问题的过程中又无处不渗透着计算。这就给了我们一些启示：一方面，我们要正视计算的价值，不再以繁难运算作为目标；另一方面，我们必须重视学生基本计算能力的培养，把计算能力作为一种在小学阶段必须掌握的基本学力。教学计算应该与解决问题结合起来，这样可以避免学生产生对单纯进行计算操练的厌烦，又可以提高学生运用知识解决问题的能力。我校进行的数学教

学评价探索，把学生的计算能力作为分项考试的一项内容，考查的内容均是学生在相应年级必须掌握的基础运算技能。这样的做法，既注意到不任意拔高对学生计算能力的要求，又保证了学生对基本计算技能的掌握，为他们今后的数学学习打下必要的基础。

三、空间图形领域：尝试进行说理，重视动手操作

在"空间与图形领域"中，小学到中学的教材编排呈现出了螺旋上升的特点，主要体现为由直观几何、实验几何向论证几何逐渐过渡，这符合学生认知发展的规律，对于循序渐进地培养学生的空间观念是很有效的。在这个领域的试题比较，让我发现有两点值得小学数学教师重视。

1. 尝试进行说理，有效接轨证明。在初中阶段，几何无疑是一块非常重要的内容，每一份中考试卷上都有证明题，但在小学毕业考卷中证明几乎是一片空白，这说明在这一内容的衔接上出现了断点。因此，在小学数学的空间与图形教学中，可以结合所学内容适当作一些推理和论证。比如，学习圆的面积时，可以设置这样的题目：请你看图（如下图），说说圆与转化后的长方形有什么关系？为什么圆的面积等于πr^2？这样，学生在说理的过程中就在尝试证明。而通过这样的练习，学生对圆面积计算公式才能真正地知其然，又知其所以然。切忌在教学时把这部分内容上成记忆和套用公式的课，而应给学生发现问题、解决问题与思考问题的空间，既要夯实基础，又要适当"顾后"，逐步培养学生的说理意识与能力，为中学学证明作过渡。

2. 重视动手操作，注重个性发展。从中考试题可以看出学生的动手操作能力被当成重要的考查内容，而且为学生提供了个性解答的空间。

题目1（选自2007年福州市中考试卷）：

为创建绿色校园，学校决定在一块正方形的空地上种植花草，现向学生征集设计图案。要求只能在正方形内设计圆弧，使正方形和所画的圆弧构成的图案，既是轴对称图形又是中心对称图形。种植花草部分用阴影表示。请你在图③、图④、图⑤中画出三种不同的设计图案。

提示：只有半径变化而圆心不变的图案属于同一种，例如，图①、图②只能算一种.

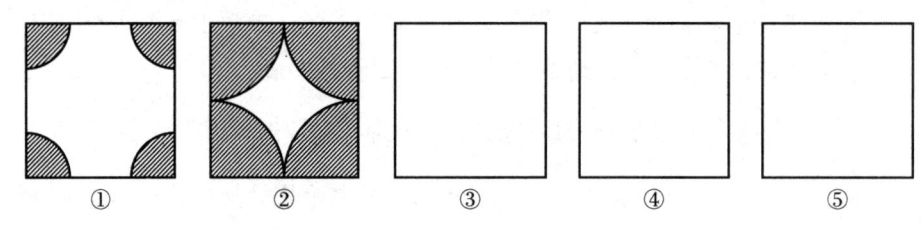

① ② ③ ④ ⑤

题目2：见第91—92页题目1。

从这两道试题中我们可以感受到，动手操作是中学与小学数学教学中非常重视的一项内容，因此，在小学数学教学中，应重视培养学生的动手操作能力，并注意设计能让学生个性涌动、灵气绽放的数学题。

四、统计与概率领域：联系生活实际，培养统计意识

《数学课程标准》（2011年版）指出：在"统计与概率"中，帮助学生逐渐建立起数据分析的观念是重要的。一些中考试题就很好地体现了这一要求。

题目3（选自2007年深圳中考试卷）：

2007年某市国际车展期间，某公司对参观本次车展盛会的消费者进行了随机问卷调查，共发放1000份调查问卷，并全部收回。①根据调查问卷的结果，将消费者年收入的情况整理后，制成表格如下：

年收入（万元）	4.8	6	7.2	9	10
被调查的消费者人数（人）	200	500	200	70	30

②将消费者打算购买小车的情况整理后，作出频数分布直方图的一部分（如下图）。

注：每组包含最小值，不包含最大值，且车价取整数。请你根据以上信息，回答下列问题。

（1）根据①中信息可得，被调查消费者的年收入的众数是 _____ 万元。

（2）请在右图中补全这个频数分布直方图。

（3）打算购买价格 10 万元以下小车的消费者人数占被调查消费者人数的百分比是_____。

课改之前，小学阶段的"统计"内容，更多关注的是对三种统计图的特征的认识以及如何按照规范画图，而实验教材更多的是呈现图表，引导学生学会读图、分析数据。中考试题侧重培养学生根据统计图表信息提供决策参考的意识与能力，这正是小学数学在统计教学方面应该重视的。可喜的是，许多小学试卷也开始对这一内容有了比较多的关注。

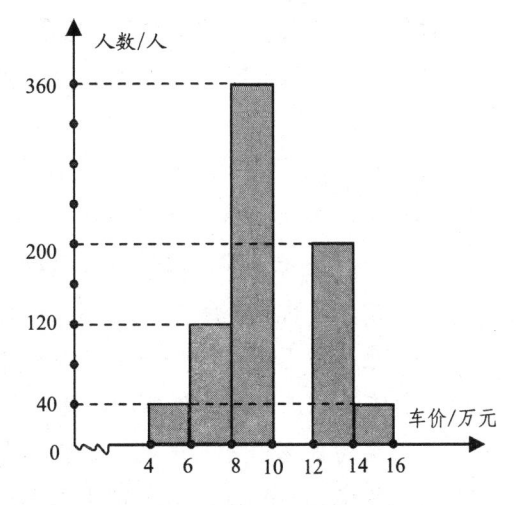

题目 4：见第 92—93 页题目 2。

2.3 提炼研究问题

没有问题就没有研究，教师的研究价值就在于它直接面对教室里发生的真实事件与客观需求，是为提高自己的教育教学水平服务的。课堂教学每时每刻都会出现问题，关键在于教师是否有敏锐的洞察力，是否关注课堂上学生的需要。并不是所有的问题都值得进行深入研究，因此，教师必须练就一双慧眼，能从纷繁复杂的教育情境中提炼出有意义的研究问题。比如，一位数学教师发现目前部分学生的自主纠错能力比较薄弱，不少学生对于订正作业的意义的认识以及态度远远没有达到教师的要求，普遍缺乏订正作业的主动性、全面性和及时性，老师如果没时间紧追，订正就没办法落实，从而影响学习效果。因此，提升学生在数学教学中的自主纠错能力就显得非常有必要。问题发现了，很有现实意义，也很有研究的价值，就可以作题为"小学低段数学提升学生自主纠错能力的策略研究"的小课题研究。下面这篇教学案例，讲述的是我自己提炼问题并思考的过程。

案例　在"教"与"不教"中思量
——关于"用比例解应用题"的三次思考

背景说明：用比例解决问题是六年级下册的教学内容，笔者使用的北师大版教材没有安排专门内容，但在练习中出现了相似的题目。人教版教材安排了"用比例解决问题"的专门课时内容，而苏教版教材在教学比例的基本性质后也安排了例题，让学生学习用比例解决问题。

集体备课时，我们同年段的老师对这个问题进行了研讨，最后决定补充知识点"用比例解决问题"，让学生多掌握一种解题方法。我想教材编写者在内容的选定与编排上肯定是非常慎重的，并且教材也经过几轮实验与修改，不会轻易删除一个知识点。虽然在教学中对这部分知识进行了补充，我心里却留有疑问：除了多花点时间外，还会有其他结果吗？于是，就有了以下思考。

一、教材新课中没有的内容，可以教吗

【案例】

题目如下图，有一个学生是这样解答第二个问题的。

0.4÷2=0.2（m）

0.2+1.2=1.4（m）

答：影长是 1.4 米。

这些数字是在题目条件中没有出现的，而这个孩子的答案却是正确的。于是，我叫来这个孩子了解他的想法——

树高 1 米影长 0.4 米，除以 2 得到树高 0.5 米时的影长，再加上树高 3 米的影长 1.2 米，得出树高 3.5 米的影长是 1.4 米。

在同一时间、同一地点，测得树高与影长如下表。

树高/m	1	2	3	4	5	6	…
影长/m	0.4	0.8	1.2	1.6	2	2.4	…

（1）根据表中数据，树高与影长是否成正比例或反比例？

（2）如果一棵树高 3.5 米，影长为多少米？

（3）如果一棵树的影长为 3.2 米，这棵树高多少米？

噢，原来学生是把树高3.5米分成3米和0.5米分别计算影长，这无疑也是正确的想法。

【思考】

我们年段的三位老师都是长期教小学高年级数学，对于旧教材编排体系已经非常熟悉，在学期初的备课中我们都关注到了这个变化。已经习惯的东西，突然消失了，总会让人有点不习惯。其实，让大家放不下的还有考试的问题。虽然北师大版没有出现这个知识点，但其他版本的教材中出现了，如果不教给学生，若出现在考卷上，就只能是哑巴吃黄连了！

"解比例"的内容为什么在北师大版的编排体系里没有作为新课内容出现呢？配套的教师用书中是这样解释的："需要指出的是，学生完全可以利用比的意义、比例尺的含义等知识和解决问题的经验解决上述问题，教师不用补充解比例的内容。"教材编写者的意图，应该是不增加学生的认知负担，从而将之作为练习题来呈现。从新课程提倡的解决问题策略多样化的角度来说，案例中学生的做法是正确的；但从数学学科特点来说，我仍然认为应该引导孩子追求思路简捷的方法。从解决问题方法优越性的角度来说，"树高、影长"这种题目是用比例解决问题的范例，而且在解决问题的过程中学生可以强化正比例关系中"比值不变"的规律。

因此，对于教材新课中没有安排的内容，我们完全可以大胆地教。而且，在教学过程中应当把重心放在让学生体会各种方法的特点及优劣上，让学生在交流的过程中自己选择合适的方法，逐步实现自身思路的优化。

二、简单问题复杂化，为何

【案例】

食堂买来一批煤，计划每天烧0.25吨，可以烧20天，如果每天节约20%，可以烧多少天？（用比例解）

这是周末作业中的一道题目，学生的错误率非常高。

一位学生看了发下去的作业，对我说："这道题目我知道答案，但不会用比例解，算了老半天都算不出正确的答案来。"经过进一步了解，原来他以为用正比例才是"用比例解",而这道题目中的两个量是反比例关系,需要用乘法解决,因此他就不知道怎样做了。

用比例解需要设未知数,需要列方程,比较麻烦。于是,有些孩子就提意见:"老师,这么简单的题目为什么要用麻烦的做法呀?""老师,你不是常说数学要追求简捷吗?"

【思考】

在本案例中,题目中多了"用比例解"的要求,学生反而不知道怎样做了。教学"用比例解"的目的,是想让学生在解决问题时能多一种思路,没想到却成了学生思维的障碍。

确实,对于这样的题目——"一支笔3元钱,能买6支;如果买2元的,能买几支",学生一下子就能口算出来,却还要让他们用比例解,这不是人为制造麻烦吗?这个时候,用"让你们多一种解题思路"来解释显然是苍白无力的。我们追求的到底是解决问题的能力,还是解决问题的过程?如果总是这样自找麻烦,还怎么让孩子们喜欢数学呢?

因此,对于教材中没有的内容,不能"教过头",不能用旧的教学模式简单套用新的内容。要留给学生更多的思维空间,让他们的灵性在数学中得到绽放。

三、撤走"路牌"以后,怎么走

【案例】

这是我班一次综合练习中的一道题目。

上午10时,方方为了测一根旗杆的高度,做了以下实验:

①找一根竹竿和一把米尺,量得竿长为3.2米;②把竹竿竖立在旗杆旁,量得影长为2.1米;③放下竹竿,同时量得旗杆影长为8.6米。

根据上面的实验,你能帮方方求出这根旗杆的高度吗?(结果保留整米数)

出这道题目的意图,是想检测一下孩子们用比例解决问题的能力。与以往不同的是,在题目的表达上转换了一种方式——叙述实验过程的形式,并且未在题后加上说明——"用比例解"。

这道题目的错误率最高,有几个孩子空着没做,他们的解释是"没有思路"。而这些孩子并不全是学困生,有些甚至还是经常考出好成绩的孩子。

在讲评试题时,我在黑板上画出简易的图后,有些孩子恍然大悟:"啊,用比例解,这么容易,我当时怎么想不出来呀?"

【思考】

在本案例中,为什么孩子们没有思路呢?应该说,题目表达方式的变换是一个原因,但更重要的原因,我想是孩子们平时已经习惯了老师给予他们思路。不是吗?教材中、试卷上,经常会在题目后面写上"用方程解"、"用比例解"。写上这些要求后,这类题目往往就变成了简单的题目,因为有一些模式可以套用。这些要求就像是一个个指路牌,指引着学生的思路向前走,而一旦少了指路牌,学生就开始茫然无措了。

我们在教学时,经常告诉学生要"这样做",却很少让学生思考"为什么要这样做"。比如在教学"用比例解决问题"时,我们一般直接告诉学生方法,而不想办法让学生感受"用比例解决问题"的优势。新课程非常强调让孩子感受知识学习的必要性,比如运算定律能使计算简便、统计能使数据清晰明了,这样孩子更能体会到学习数学的价值。

在数学教学中,最好不要直接给学生路牌,而应教会学生自己寻找方向、实现目标。在课堂上,在作业中,让学生多一些"我为什么要这样做"的思考,也许,这才是最好的路牌!

3. 智慧分享

3.1 备课有效

集体备课是我校的一项教研制度，每个年段设一名备课组长，具体负责该年段教学、教研活动的组织与协调工作。可以说，集体备课制度在促进我校教师正确理解教材、提高教学效率方面发挥着重要的作用。作为一名参与者，我深切地认识到这种制度在促进教师思维碰撞、资源共享、智慧互启等方面的优势。这里，就如何使集体备课的效率更高一些，使每个参与其中的人都能真正得到收获，我和大家分享自己的三点思考。

集体备课，必须有"备"而来。我校要求教师提前备好一周的功课并写好教案，这就使得大家在集体备课时不是临时阅读教材，而是针对自己在备课过程中对教材的理解谈想法，以及自己在处理教材时比较困惑的问题。例如，我在备"生活中的比"一课时，注意挖掘生活中的教学资源，引导学生联系生活实际，主要目的是让学生感受生活中比的广泛存在。但在集体备课时，同年段的老师听了我的教学思路后，觉得我对"生活味"比较重视，在教学过程中可能会冲淡了"数学味"。最后，我改进了教学设计，并取得了较好的教学效果。教师先有自己的思考，才能在有限的时间里实现更好的交流效果。正所谓：有备而来，多得而归！

集体备课，不仅仅是备"教材"。在集体备课中，关注更多的往往是如何处理教材，这是必要的，但我觉得不能仅仅停留在这个层面，而应该对研讨的话题进行拓展。2006 年，我任教六年级数学学科，我的学生将是厦门这个全国课改实验区的首批小学课改毕业生。这些学生经过六年学习获得了什么样的发展？他们与往届非课改实验毕业生又有什么区别呢？这是参与新课程实验的每个教师都应该思考的问题。于是，在集体备课时，我们年段的教师也就这个问题进行了研讨。经过讨论，我们发现这些孩子具有以下特点：自信大方，热情开朗，积极参与，思维活跃，敢于发表不同看法。但在欣赏这些课改理念带来的成果时，我们也看到了一些令人忧虑的现实。几年来课改并非一帆风顺，这些在一片"棒、棒、你真棒"的声音中成长起来的孩子显得比较浮躁，课堂上插嘴现象比较严重，有时甚至会影响正常的教学秩序。另外，这些孩子的两极分化现象比较严重，有的学生甚至连最基本的计算方法都不能很好掌握。面对这些问题，我们年段制定了加强教学常规教育、精心设计练习、实施分层作业的措施，同时，我们也认为应该借鉴以往毕业班教学的先进经验，重视学生的知识过关工作。

集体备课，要关注"课前"，也要关注"课后"，还要关注教学中的"问题"。集体备课，除了共同探讨对教材的理解，还关注"课后"的工作，即家庭作业的设计。我们把家庭作业看成是学生巩固知识、提高能力的重要途径，同时，在作业设计中也充分考虑到不同学生的学习水平，体现了针对性与层次性，力求让不同的学生在练习中得到不同的发展。另外，我们也经常把自己教学过程中的问题拿到集体备课时研讨。

课改工作的纵深推进，给每个教师都带来了更大的挑战。教师单独应对无疑会势单力薄，而在集体备课中相互分享、相互启迪，能有效地帮助教师解决教学难题，有效地促进教师教学效率的提高。更为重要的是，在彼此分享智慧的过程中，同年段的教师成了合作伙伴，加深了情感和友谊，使同事关系更为和谐。

当这样的集体备课成为每个学校的制度，当每次集体备课成为教师的一种期待时，教师的专业成长就不再是问题！

3.2 教研有法

课例研讨作为校本教研的一种活动形式，在促进教师专业发展、提高研讨实效等方面发挥着积极的作用，目前已成为许多学校开展教研活动的重要形式。以下是我参加的一场研讨活动，活动结束后，很多教师反映：这次活动主题明确，实效性强，参加这样的研讨活动能真正学到东西。虽然是心理健康教育活动，但作为教研的形式，仍然有许多可以借鉴的地方。

一、活动情况简述

执教本次心理健康教育研讨课的是一位年轻女教师,在这节课上教师主要引导学生实现两个活动目标:①正确分辨学习生活中合理与不合理的"攀比"现象。②明确学习生活中应该比什么、怎样比,树立健康向上的攀比心态,形成良好的性格品质。

在活动中主要围绕四个环节进行教学:情境表演——正确分辨——回归现实——心理调适。(具体过程略)

活动后教师反思:

大家知道,随着人们生活水平的不断提高,生活中的"攀比"现象越来越多。攀比现象是一种不愿落后于人、超群好强、物欲性强的心理的流露,这种心理在特定情况下能起到积极作用,但长此以往,会给孩子们的身心健康带来消极、负面的影响。因此,今天组织了"比什么"这个团体心理辅导活动。在上这堂课前我常常问自己,有关"攀比"现象的心理健康课和思品课到底有什么不同?该怎么设计教学活动才能把握好心理健康课的性质,防止学科化的倾向?

首先,我想一堂心理健康教育活动课,应该根据孩子们的学习与生活实际,就孩子们出现的带有普遍性的现象进行指导。因此,课前我设计了一份不记名问卷调查表,以了解大部分孩子生活中都"比些什么",了解他们遇到了哪些心理障碍,并根据调查表的结果设计这堂课,比如小品、表格,以及心理问题的调适。

其次,关注学生的情感体验。分辨生活中合理与不合理的"攀比"现象时,我尽量避免让孩子们进行道德判断,而是引导孩子们从自身感受和体验来谈自己的理解。对有些现象,不能简单地判断合理还是不合理,重要的是了解孩子们内心是怎么想的,并进行积极的心理引导。

我认为心理调适是心理健康课不同于其他课的重要特点。因此,我在活动的最后设计了"心理调适"这一环节。我希望通过同伴的谈话,帮助有苦恼的孩子从不同的角度去分析问题,进而解决一些问题。当然,很多孩子是不愿意在大家面前说出自己的心事的。因此,我准备了几个带有普遍性的问题,让孩子们各抒己见。这几个问题也是从调查表中挑选出来的，贴近学生的实际。当然，我们并不强调应该得到一个什么样的结论，而是通过交流，让孩子们在活动中感受与体验，以改善他们的心理状态。

研讨交流过程（略）。

二、组织者的思考

反思这次教研活动的组织与参与过程，我们发现了保证这次教研活动有效的四个策略。

1. 研讨活动要有研讨主题

许多课例研讨活动，常常是听课者事先不知道研讨内容，听完课就讲评，然后活动结束。这样的课例研讨只能是就课论课，执教者和听课者的认识无法得到有效提高。本次研讨，我们确定了研讨主题——"学校心理健康教育与思想品德教育的有效整合"，研讨课内容"比什么"就是围绕这个主题选定的，要求参与人员事先结合本校实际进行思考并准备书面材料，组织者还为参与人员提供学习材料，如《心理健康教育与德育工作整合的几点思考》《心理健康教育活动课设计方案》等。这样，在整个研讨的过程中，从执教者说课、反思到听课者评课，始终围绕主题，针对性强，能够在有限的时间里进行更充分的讨论与交流，真正做到有备而来、有得而归。

2. 研讨的课例要真实、朴实

在课例研讨活动中，作为研讨载体的课例，其质量和价值是影响研讨效果的一大重要因素。笔者认为，研讨的课例要做到真实、朴实。

唯有真实，才有研讨价值。当前的研讨活动仍存在教研资源失真的问题，许多教师抛弃不了"公开课情结"，有些课仍然存在"作秀"现象，导致研讨效果大打折扣。这次研讨始终坚持"宁要真实的遗憾，不要虚假的完美"原则，要求执教者提供真实状态下的课堂。因此，课堂中出现了气氛不活跃、学生体验不够等问题，而正是这些问题，为课后的研讨交流提供了宝贵的资源，大家对这些问题进行剖析，思维在不断碰撞中走向深刻。

唯有朴实，才有借鉴价值。这主要是针对当前存在的教学方式追求时髦、教学手段追求现代化的现象提出的。在很多课例中，教师想尽花样，把游戏、画画、歌舞等活动形式请到课堂中，还有的教师每上研讨课必到多媒体教室，制作的课件精美华丽，声像画俱全，但这常常让许多不具备条件的老师觉得这样的课是"艺术品"，只能欣赏不能借鉴。在本次研讨中，教师只是凭借几张挂图、几张卡片就开展了教学活动，整堂课气氛宽松和谐。在学生讨论时，教师走到小组中蹲下来，倾听学生的发言，参与他们的交流，"把微笑带进课堂，把开心留给学生"，这不正是新理念的自然体现吗？在课后研讨时，有老师说："这节课给了我们一种启示，对学生进行心理健康教育并不是神秘莫测、高不可攀的，每一位老师只要肯努力都可以做到。"

3. 研讨活动要遵循科学程序

在本次研讨中，我们按照"确定主题——合作设计——教学行动——研讨交流"的程序进行。

（1）确定主题，关注教师的真实需要与困惑。当前，"关注学生心灵成长，促进学生健康发展"的重要性已得到教育管理者和教师的认同，但在教育实践中，教师却常常觉得无从下手，另外，对"心理健康教育"与"思想品德教育"的联系与区别也难以理解。针对这些困惑，我们确定了本次活动的研讨主题——"学校心理健康教育与思想品德教育的有效整合"。

（2）合作设计，促进互动、沟通、分享。合作设计是基于教师个体自主思考的同伴互助备课，备课小组由教研员和部分实验教师组成，在备课过程中，执教者叙述设计思路，参与者以平等的伙伴关系帮助执教者分析每个活动的目的以及学生可能出现的情况。

（3）教学行动，立足自然状态的真实体验与感悟。引导教师以一种平和的心态执教，避免出现执行"教案剧"的现象，注意关注学生的活动状态，捕捉有价值的教育资源。

（4）研讨交流，引发思维碰撞，提升教育理念。研讨交流时，应努力营造一种宽松、民主、和谐的氛围，让参与者畅所欲言，表达自己真实的思考。

4. 研讨过程中要注意协调"三要素"的作用

自我反思、同伴互助、专业引领是校本教研的三个基本要素，只有注意协调整合三者各自的作用，才能有效地提高校本教研的实效性。研讨交流时，先请执教者针对本节课的活动目标说课，并谈谈活动结束后的感受、反思，从中可以看出执教者的课后反思比较到位、深刻，这有助于听课者更好地理解本次活动的设计意图，从而把更多的时间集中到研讨主题上。来自全市、参与实验的教师在研讨时积极发言，谈感受、提建议、说困惑，教研员和本市心理健康教育委员会部分理事在研讨中发挥了专业研究人员的引领作用，而他们在谈话中又有意识地淡化"权威"意识，以平等的关系参与交流。在研讨过程中，主持人有意识地"让年轻老师先发言，请经验丰富的老师和教研员压台"，其真正的意义是为群体对话提供一个有益的空间，让参与活动的每一个成员的独立思考都成为一种资源。这样，在整个研讨交流过程中气氛宽松和谐，参与教师畅所欲言，大家在对话中交流经验、分享智慧，真正实现了共同提高。

3.3 网络助力

随着信息时代的来临，网络成为开拓视野、增进交流的一扇窗户。有了网络，我们足不出户，就可以实现与全国各地的交流分享。

2007年12月参加在西安举行的新世纪教材研讨活动，香港冯振业教授在报告中提到一个案例——香港小朋友学习"正方体展开图"的情况。他呈现了一组照片，并介绍说孩子们能从图中发现一些规律。在以往的教学经历中，我没有接触过这样的内容，于是对它产生了兴趣。于是，在教材中发现这个内容时，我竟有如获至宝的感觉，并把这节课定为自己磨课的课题。

课后，我把上课视频拿到 UC 房间"数学工作室"播放，当晚同时在线的有 102 人，我把自己的研讨问题放到新思考网数学论坛上，已阅读的有两千多人次。参与研讨的人员来自全国各个地区，真正实现了跨越时空的在线研讨。以下是部分研讨内容摘录：

王海清（原湖北黄冈实验小学校长、特级教师）：
"在这节课中，操作与想象就像'种树'一样，必须让它们更深入地扎进地里（学生的脑子中），并成为培养空间观念的重要基础。而发现规律则是'插花'，能为学生的学习带来更多的新鲜感，让他们认识到数学更多内在的美。树木扎下根就能吸收更多的营养，而鲜花则能给课堂生活带来更多的轻松与愉悦，两者都是必需的。"十分赞同李老师的观点。

规律不是重点，学生能借助自己得出的展开图叙述，未尝不可。

如果在下一节课中，按文中同年级数学教师的做法，单独来一节课找规律、应用规律、借助想象判断（展开图与正方体）也是可以的。在第一节课中，像李老师这样处理，个人觉得是适当的。

高枝国（黑龙江教育学院初教部主任）：

冯振业博士讲起这个案例的时候，引起了很多老师的关注，不仅是对这个教学内容的兴趣，更是对他的研究方式和态度的关注。记得在那次互动交流中，李老师就提出了自己的想法，并要亲自尝试一下。现在看到了李老师关于此课的实践与思考，这种研究学问的态度着实让人由衷地敬佩。阅读了李老师关于"展开与折叠"一课的构思、设计、实施、反思的全过程，感觉非常有价值的是对此教学内容的深入思考，有探究的动因，采取了积极的实施策略——准备与前测，反思贯穿始终，录像记录全过程，再加以对比、交流，带着问题去思考、去实践，这是非常好的学习习惯、研究态度，值得我们学习和借鉴。

首先，对大家一致认可的导入环节，同样表示赞赏。这种动态演示的过程在引起学生兴趣之余，还可以慢慢将学生带入对正方体展开图的思考中，让学生在头脑中逐步建立起关于正方体展开与折叠过程的表象，这种多媒体动态演示为学生的空间想象提供了很好的思维支撑。其次，也认同王海清校长对作者关于"种树"与"插花"比喻的看法。如何才能够插好花？关键在于是否对插花有兴趣，是否有初步的插花技能。从作者的前测中可以看到，本班的学生基本具备这种"插花"的能力。因此，关于是否要探索规律就有了答案。

无论从本节课上学生对规律探索的表现，还是从香港冯博士的研究中，都可以看到对探索规律的要求，绝不仅仅是一堂课所能实现的，要给学生一个思维过渡的过程。这种规律的探索又仿佛脱离了空间，来到了抽象的思维世界，观察、对比、归纳，这些过程都需要时间，都需要有思考、交流的时间，立论、推翻、补充、完善的过程。自主探索、合作交流、教师指导都是必不可少的。学生能够排除相同的展开图而得到11种，已经很难得了，这是进一步找规律的基础。如果再加一个课时，不建议把冯博士的那幅规律性已经很明显的图拿出来，以免限制学生的思维，使之产生思维定势。不妨对不重复的十一幅图进行观察、思考、交流，引导学生有序观察、有序思考，尝试"分类"。

我想，探寻规律的目标一定要根据学生的实际情况来把握，不能强求，这不是必需的。

李玲玲：

读着这个帖子，感动、感激油然而生，事务繁忙的高主任，在深夜里写下了这么多具有高度与深度的指点，令我对一些问题豁然开朗。感谢一词不足以表达内心的感受，但还是真诚地说一声：谢谢高主任！

关于冯教授的这幅作品，为什么在课前没考虑到其负面效果呢？我想，是因为参加西安的活动时这幅图给我的第一印象太深刻了，因此没再从各个方面加以考虑。

课后我也在反思它的作用，在这节课中，它起到的其实是干扰作用。为什么在前测中学生能说出比较多的规律，而在课堂上却没说出很多？是因为课前他们观察的对象是自己动手操作的展开图，而在课堂上则是老师强加的一幅完整的展开图。如果有时间，我赞成您说的不出示这幅图，让学生直接根据他们探索出来的11种展开图进行小组讨论，虽然"大小不一"、"形状各异"，但毕竟是他们自己的作品，比较亲切。如果要真正引导学生发现规律，可以再上一节课，感谢您和王海清校长的提醒。

金世学（广东珠海某学校校长）：

学生没有像冯博士描述的那样，或许只是因为这样做的次数还需增多。多了，学生就敢说了；多了，学生就知道该怎么说了。这节课已经做得很好。因为学生自始至终都没有闲着，他们的思维在积极地运转着，这就说明是有效的。不是吗？

李斌（安徽巢湖某学校特级教师）：

学习李老师关于"展开与折叠"一课的构思、设计、实施、反思之后，深为李老师的思考习惯、研究态度、探索精神所感动，它们是我学习的标杆。同时，我也产生了几点零碎的想法：

（1）这节课的重点应该是"经历展开与折叠的活动过程，在想象、操作等活动中，感知平面图形与立体图形的关系，发展空间观念"。

（2）导入环节简捷有效。多媒体动态演示运用得恰到好处，展现了正方体展开与折叠的动态过程，而这正是这节课的核心内容。动态演示的过程很好地激发了学生的兴趣，同时又将学生带入对正方体展开图的思考中，正如高主任所言："学生在头脑中逐步建立起关于正方体展开与折叠过程的表象，这种多媒体动态演示为学生的空间想象提供了很好的思维支撑。"

（3）李老师的反思深刻到位："我发现规律仍然可以出现。但在课的最后，作为拓展题出现可能更好，那时，灵活运用的空间比较大，不必担心下面的基本练习未完成影响学生的掌握情况。"赞成李老师把发现规律放在课的最后作为拓展题，因为每节课都应有所取舍，正如高主任所言："对探索规律的要求，绝不仅仅是一堂课所能完成的，要给学生一个思维过渡的过程。这种规律的探索又仿佛是脱离了空间，来到了抽象的思维世界，观察、对比、归纳，这些过程都需要时间，都需要有思考、交流的时间，立论、推翻、补充、完善的过程。……我想，探寻规律的目标一定要根据学生的实际情况来把握，不能强求，这不是必需的。"

（4）所提供的"香港小朋友在学习正方体展开图时的作品"的图案背景、色彩有助于学生发现一些规律，个人认为应根据学生的情况在课堂上作灵活处理，把握拓展发现规律的程度。如果可能，不妨作一节数学活动课来拓展，因为发现规律这部分内容对学生的发展的确有价值，这也可以作为课程资源来开发。

武秀华（黑龙江佳木斯第四小学副校长）：

认真拜读了每一个帖子，这里只想谈谈关于是否要发现规律的看法。

首先，对于冯博士的案例，相信大家还记得，有的老师现场互动时就问过冯博士，他们教学这个内容需要多长时间，答案好像是8课时左右。他们对规律的总结是建立在充分的展开与折叠的基础上的，已经让学生经历了实际操作的过程，学生的头脑中已经有了11种展开图的模型，总结规律似乎是水到渠成的事情。估计他们教材上的这个内容是一个独立的单元。

展开与折叠这部分内容是传统教材所没有的，现在与前面的长方体认识一共才3课时，那么，这节课到底应该如何定位呢？教学用书已经给了很好的诠释："通过动手操作，知道长方体、正方体的展开图，加深对长方体、正方体的认识；在想象、操作等活动中，发展空间观念，激发学习数学的兴趣。"理解教材的定位，是把握这节课的关键。如果过早引入规律，学生不愿意进行实际操作和空间想象，也就背离了教材编写的初衷。

展开与折叠无疑是探究和培养学生空间观念的很好的素材，记得在讨论会上，我与编写组的杨重生老师（杨老师是从北大一路读过来的研究生，现任教于北大附小）就这一教学内容有过交流。他说，这个内容的确能很好地发展学生的空间观念，但是很多老师不愿意花大把的时间让学生经历操作的过程，认为那还不如让学生掌握规律。他还说了一个老师们创作的如何判断展开图是否能折叠成正方体的儿歌。老师们认为掌握了规律，无论什么考题都没有问题。其实，说白了还是受应试教育影响。

李玲玲：

关于您提到的剪正方体展开图的问题，我在这节课中也遇到过。首先，生活中正方体的纸盒比较少，而且我要求学生至少准备三个，加大了难度。在学生反映寻找正方体困难时，我采取了折中的办法，允许学生把上节课（"长方体、正方体的认识"）要求做的学具重新展开，也可以画展开图。对于学生自画展开图，我想，他们画好后还要判断能不能折叠成正方体，这其实已经是在课前就在自学本课知识了。

在检查学生课前准备的学具时，我发现有些学生用纸盒剪开的展开图伤痕累累，贴着胶布，因为纸盒都会有一些重叠的地方，学生必须把多余的部分剪掉，有的还要把两个半面粘合起来。确实，这也是一个培养学生动手能力的过程。由于时间关系，我没有在课堂上组织学生操作，真是失去了许多欣赏学生精彩表现的机会。

汪定斌（安徽某学校教师）：

我是从晓晗老师推荐的高枝国主任的一篇文章《展开思维，折叠思考》一路看过来的。李玲玲老师的教学设计精彩，探索精神更是让人敬佩。

学生在学习过程中，能否总结出全部11种展开图（叫组合图更为确切，因为那11种图中有的并不能折叠成一个正方体），我认为并不重要。倒是李老师的学生在前测中对展开图规律的思考更让人欣喜。对于那些展开图的规律，老师自己研究一下犹可，让学生硬性记住则大可不必，走捷径所到达的是学生们需要到达的"目的地"吗？

对于这一部分内容的教学定位，教学用书上已然说得很清楚，如果学生在学习过程中加深了对正方体和长方体的认识，并表现出对空间的浓厚的探索兴趣，就真正完成了这部分内容的教学。

刘胜峰（一线教师）：

现场听了李老师的这节课，也认真看了李老师的思考。李老师把七年级上册"图形认识"中的一个知识点拿到五年级的课堂上实验，我很欣赏李老师的研究精神和勇气。这一课的学习目标该怎样定位呢？这是李老师思考得最多的，也是大家争论的焦点。通过研究多组展开与折叠图形的特点，发现其规律，遵循了探究性学习的特点（从普通到特殊，再到共性，研究有规律性的及在变化过程中不变的性质）。如果能在研究对象的材料上多增加一些正面图形对比，在对比图形总结规律时，老师"共有11种，有什么规律呢？或者什么样的图形可以折成正方体呢？"的启发引导再细化一些，不给学生那么大的思考空间（从问题的起始状态到需要实现的目标状态，远了些），估计就能实现规律的发现。李老师的课很顺畅，数学味很浓，希望能多听您的课。

王海清（原湖北黄冈实验小学校长、特级教师）：

读懂教材，读懂学生，读懂课堂？！值得深思。读懂教材不易，读懂学生更难，读懂课堂就难上加难了。唯有读懂教材、读懂学生，才可能读懂课堂。现在的问题是：如何读懂教材，读懂学生？读教材，一般是能做到的，读懂教材，经过研读也会做到，而读学生一般就被忽视了，更不要说读懂学生了。教学本是因学而教，并非因教而教。学生到底知道什么？需要什么？教者对此心中有数，才能为学生提供良好的教育。

近来，大家都在热议"折叠与展开"这节课。本节课是学生学习正方体、长方体表面积之前的预备学习。它可以看作是操作性的实践活动，旨在建立正方体立体图形与其展开图之间的联系，发展空间观念，丰富空间想象力。本不要求把展开图的所有示例呈现出来，也不要求把其规律概括出来。

但是学生有自己的思考，在展开与折叠活动中，面对不同的展开图，他们自然会生发出问题：同一个正方体，得到的展开图怎么不一样呢？这些展开图有没有一定的规律？诸如此类，都属于生成性的问题。李老师根据学情筛选，择其要点，让学生自由表述。不为过！

为何不为过？因为教师读懂了教材，也读懂了学生。不是揠苗助长，更不是节外生枝。我以为，学生的智力水平是有差异的，教学目标的设定依据除了"课标"，还有"学生"。如果学生能爬上五楼，你硬要让他在三楼停下，恐怕不受学生欢迎，也不利于学生潜力的开发。

木日（海南某教研员）：

第一，总结规律并没有错，但不能强求。如果有学生涉及这一点，我们顺着总结一点未尝不可。因为学数学有个重要的能力要培养，就是要学会找规律；再者，新理念追求不同的人在数学学习上有不同的发展，正是此理。第二，看到这个课题时，我首先想到的是，我们教师想得更多的是折叠，其实，想象折叠的情形比展开更有思维训练的价值。我所说的就是要让学生有总结规律的意识。

任景业（新世纪版教材编委）：

李玲玲老师在听了冯振业博士的讲座后，萌发要上一节试验课的想法，经过三个多月的准备，上了这节课。

1.前测学生的问题。了解学生是什么样的基础。单说学生的基础是含混的，我们一定要明确：是看看学生做什么事情、向什么方向去的基础。这样前测问题的选择和制定就需要与我们的教学目标相关。这节课是展开与折叠，目标是让学生积累活动经验，发展空间观念，而不是显性的知识目标，前期的调研不能脱离这个目标。李老师想在课堂上尝试让学生发现规律，于是设计了一个问题，从中发现学生有发现规律的基础，于是判断这节课也可以让学生发现规律。她的调研是结合了自己的目标的，但这个目标是不是妥当，需要重新思考。我们了解学生的基础是重要的，但更重要的是明确我们需要在什么时机把学生带到什么地方去。这是一个理解学生的好素材。

2. 教学是通过一定的素材来实现我们的教育目的，是有计划、有目的的行为。选择什么样的材料实现什么样的教育价值，达到什么样的教育目的，凸显出了教学内容的选择性。展开与折叠的内容是发现规律的好素材吗？我感觉，给出各式各样的展开图或研究什么样的图形是展开图这样的问题，对于培养学生的有序思维、推理、想象更好一些，让学生识别这些图形时，推理、想象、有序思考的成分似乎都比找规律多一些。也许它不是找规律最好的素材。像我们大家都熟悉的鸡兔同笼问题，我们是把它作为问题来解决，还是通过它学习一种方法，抑或通过它学习解决问题的多种方法？理论上说都是可以的，但在对教学目标定位时，必须有一种选择，有时还只能选择其一。俗话说：舍得，舍得，有"舍"才有"得"，有"得"常须"舍"。这可以帮助我们更好地理解教材。

3. 向他人学习的问题。冯博士介绍的情况不是很好吗？为什么在我们这儿不可以？这同样涉及两套教材的定位问题。我们定位为让学生折叠展开，积累经验，课时是1课时，如果定位为对11种展开图的研究，就不止需要1课时的时间了。

真龙（深圳某学校校长）：

我觉得在尝试冯博士的做法时，要了解冯博士这样做的背景。那场报告留给我的印象是，在带领学生经历数学化的过程中，老师要设置让学生自己不知不觉进行数学化的情境，而不要提出"你看这里有什么规律"的指令性要求。它应该是一种自觉的要求，而非他人的要求。我认为找规律是必要的，只是我们应把它变成学生自己的需要。图形课当然要以培养学生的空间想象为主，但如果融进推理和代数，图形课会不会更有趣？会不会有点"数形结合"的味道？

两个小时的在线研讨结束了，但大家仍未统一认识，论坛上还经常有发表新观点的帖子出现，这说明许多人的思考还未结束，而这正是网络教研的魅力。正如一位朋友所说的："在这个过程中，你是最大的赢家！"是的，有这么多思考深刻、见解独到的专家、同行在给自己把脉，这是一件多么幸福的事情啊！

在讨论的过程中，大家争议的焦点主要为"要不要发现规律"。一部分同行认为可以发现规律，但不一定要在本节课中引导学生发现。因为规律本身就存在，而学生又有发现的能力，而且发现规律也是培养观察能力、提高数学思维的途径。而以教材编写组为首的一部分同行，则认为如果引导学生发现规律，很容易造成死记规律、用规律进行判断的结果。这两种观点均有道理，发言者没有轻易否定某种观点，而是充分说明自己的看法。我想，这种"畅所欲言，各取所需，言者无罪，听者择善而从"的沙龙式研讨让每一个参与者都有收获。正如网友真龙所说："能够在听了一场报告后就去尝试做一做的人还是不多的，尝试了又把自己做的呈现给大家看的就更少。所以在研讨的过程中引来了很多想法。虽然最后没有形成统一的看法，但大家都认真思考了，这是很可贵的。"网友云儿飘飘说："展开的已经不是一个正方体，而是大家不同的思维，收获的是对课堂教学更加深刻的领悟。"

网友儿在成长发表了评论：

  一名优秀的老师作用有多大？一贯热心于教学研讨的我，常常思索着，如何更好地开展好学校的教学研讨，一直没有找到答案，今天，花了近三个小时，拜读了李老师的在线研讨的准备过程，我思索良久——一场由李老师发起，引起众多优秀老师参与，激起了无数教学智慧的教学研讨，如一石激起千层浪。

  一名优秀的老师作用有多大？这样的教学研讨难道不是我们的教学研讨的新方向吗？

  向往之，感慨之，崇拜之，动荡之，铭记之……

3.4 讲座分享

近几年来，为各级各类培训班、学校作过五十多场讲座，主题涉及教师成长、教研组织、课题研究、数学教学，均得到听者的认可。通过讲座，我把自己的思考与更多的老师分享，这是一件很有意义、做起来很快乐的事情。而在准备讲稿、现场互动的过程中，自己思考的深度、演讲的能力都得到进一步提升。如今，许多场景我仍然记忆犹新。下面讲述一个关于讲座的故事。

一天下午下班后，打上的士直奔汽车站，坐车到福州，因为那一周的周六有一场讲座。福建教育学院组织承办了全省农村骨干教师培训，这是当年小学数学教师培训第二期，成员是全省各地的农村骨干教师，共120多人。接到电话我比较惊讶，负责的老师说是第一期的学员向她推荐的我，这个学员曾听过我的讲座，也正是因为这个我接受了任务。来自学员的认可让人心里更踏实！

讲座的主题是"透视当前数学课改的几个问题"，进入主题前我讲了个故事，然后提出了自己的观点——"教师的反思首先应从自己的职业认同度及对工作状态的反思开始"，因为只有解决了意识上的问题，才会有更平和的心态来接纳教学方面的问题。问题很多，这次我主要跟老师们交流了新课程背景下怎么备课、复习课怎么上、数学怎样培养学生的自学能力、怎样提高课堂时间管理水平、怎样利用好错误资源等五个问题，时间从 8:00 到 11:00，中间休息了 20 分钟。

在这次交流过程中，学员的专注让我非常感动。一百多人的会场，整个过程中，几乎没有杂音、没有人走动；休息的时候，学员围在我身边探讨各种问题；最后的互动环节，是我在多场讲座中比较满意的一次，学员们提的问题指向明确，说明那是他们平时思考过的。而每一次的解答，学员们都给我掌声鼓励。这样的互动，考验的是自己的即时思考与应答能力，不过，因为这些问题我平时基本上都作过思考，解答时我更多的是讲解自己是怎样实践的，让学员们从中得到启示。

这次讲座，我第一次设置了"讲座互动交流单"，原来是担心老师们互动时不敢提问题，可以让他们写在纸上。没想到互动环节这么精彩，但还是有许多教师在交流单上写下了自己的问题及感受。

"这些老师很可爱！"这是讲座结束后我对组织者说的一句话，而她也有同样的感受。因为培训机会来之不易，大家非常珍惜。这次培训对象全部是农村一线教师，经费由省教育厅直接划拨，学员只要负担往返交通费，这对于连粉笔都要算计着用的农村学校来说，无疑是一件好事。据说，要在三年里培训一万名骨干教师，做到校校有骨干，这应该也是促进教育公平的一项措施了。我相信这会是农村教育的一阵春雨！教师群体朴实、肯学，再加上政府的关注，农村教育应该会有更大的发展。

在回程的车上，我阅读着学员们交上来的交流单，心里又生出许多感动。收上来将近50份交流单，学员们提了许多问题，这让我萌生了一个想法，以后可以在博客上开辟一个问题专栏。这些问题因为来自农村一线教师而更有价值，我对学员们承诺会对问题进行梳理，然后在博客上回复，这也是我给自己布置的一项寒假作业。

许多学员也写了自己的感受，对自己在讲座中的收获作了小结，其中有一个词出现了多次，那就是"实在"。我想，这是因为自己讲的就是自己的所做所思，所以让老师们觉得很亲切。我最大的意图是让他们感觉研究并不困难，即使在最简单的教学细节中，也蕴藏着很高深的理论。作讲座，最重要的不是告诉大家怎么做，而是让听者从中悟出自己应该怎么做。这是我一直想努力达到的效果！

"要是能早几年听到您的讲座就好了，不过现在还不算太迟，我现在恨不得马上回到教室，对自己的一些想法进行尝试。""听到你所讲的一些观点，我就会联想到自己的课堂，我要怎样才能把这些观点合理地运用呢？！""读您，如读《读者》。"来自学员的留言，让人温暖，催人努力！

于是，我再次想起了台湾的王家珍老师在我的博客上留下的一段话：

> 有时候我觉得
> 当我们认真准备每一场讲座时
> 台下听众受惠很多
> 但是　其实　受惠最深的是我们自己
> 我喜欢分享
> 分享真的是一种喜悦　是一种幸福
> 一份来自台上　台下　情感互动的喜悦

4. 提升成果

4.1 进行深度反思

随着课改向纵深推进,"反思"作为促进教师专业发展的有效途径,已受到越来越多的学校管理者的认同,于是,有的学校要求教师课课写反思。但不难发现,许多教师的反思只是附在教案后面以备检查,未加整理,未有提升,这样无法有效地提升反思的效果。那么,如何让反思更有价值呢?下面谈谈自己的几点看法。

一、反思是"留一只眼睛看自己"

在与老师们就关于"反思"的话题交流时,我总喜欢讲一则小故事——《留一只眼睛看自己》:

日本近代有两位一流的剑客——宫本和柳生。宫本是柳生的师父。柳生拜师学艺时,问宫本:"师傅,根据我的资质,要练多久才能成为一流的剑客?"宫本答道:"最少要十年。"柳生说:"假如我加倍苦练呢?"宫本答道:"那就要二十年。"柳生一脸狐疑,又问:"假如我晚上不睡觉,日以继夜地苦练呢?"宫本答道:"那你根本不可能成为一流剑客。"柳生非常吃惊:"为什么?"宫本答道:"要当一流剑客,就必须永远留只眼睛注视自己,不断反省自己。现在,你两只眼睛都死盯着剑客,哪里还有眼睛注视自己呢?"柳生听了,惊出一身冷汗,顿然醒悟,依师傅所言而行,终成一代著名的剑客。

教育亦然。环顾我们的周围，教师总是忙忙碌碌的，在学校的时间忙于上课、改作业、处理学生的问题，回家后忙于备课、做家务。在这种状态下，学习、思考都成了一句空话。教师的反思首先要从自己的职业认同度、自己的工作状态开始，只有开始质疑自己的工作现状，产生想要改变的欲望，才会静下心来思考自己的努力方向与改进措施。如果教师每天只盯着学生，哪里还有"眼睛"注视自己呢？因此，要让教师明确：反思是"留一只眼睛看自己"，是为了提高工作效率，减轻工作负担，是一项成人达己的工程。只有教师真正认同反思对自身成长具有促进作用，其反思才不会沦落为只是应付上级检查的凑数文字。

二、反思要以课例为载体进行多向思考

教师的反思要有载体，而最好的载体就是自己的课例。现在很多学校都开展了"磨课"活动或校内研讨课活动，许多教师把这种活动当成一种负担，虽然课前进行了认真细致的准备，但课一上完就有一种"一了百了"的感觉。在我看来，上完课后及时进行深度反思恰恰是教师获得有效提升的时机。在一次磨课活动中，我上了"生活中的比"一课，课后我从不同角度撰写了五篇反思，以下是其中的部分内容。

1.反思教材处理

合理解读教材，准确领会编排意图，应该是每位教师备课时首先要考虑的事情，也是用好教材的前提。当前多种教材版本共存，给教师提供了更多的比较筛选的空间。在平时的备课中，我们遵循以使用的教材为主、参考其他版本教材的原则。我们往往同时阅读三种教材，比较各种教材的情境创设、练习设计等，然后结合自己的风格及学生的实际，进行教学设计。

之所以选择"生活中的比"一课，是因为它的编排与以往的教材有较大的改变，如"比的意义"、"比的基本性质"均没有出现相应的名词，也没有专门的例题，而更注重引导学生在具体情境中感受比的意义。课后，我写了《教材的取舍》《教材的重组》两篇关于教材处理的反思，在《教材的取舍》中我主要写了自己在解读教材时的一些体会及处理方法，在《教材的重组》中我主要介绍了自己重组教材的想法。

2.反思教学预设

"没有预设的课堂是不负责任的课堂，而没有生成的课堂是不精彩的课堂，预设与生成二者是互补关系。"（余文森语）这节课，我在备课时对课堂上的各种情况作了充分的估计；在课后的反思中，我针对自己的预设进行了反思。

"除了知识，我们能给学生什么"

课后，有位教师对我说："你很重视数学文化的构建，这是值得我们学习的。"在我看来，"数学文化的构建"应该是我的课堂教学追求的境界，但"文化"离我目前的教学还有点遥远。在备课时，我会思考：我的教学除了给学生知识，还能给他们什么？有了这样的思考，备课时我会关注知识点，然后以这些知识点为载体，寻找更为丰富的形式。因此，这堂课中我作了几次尝试。

在出示马拉松比赛的情境时，我先出示了一张厦门马拉松比赛的场景图片，并谈了自己对马拉松比赛的看法——"重在参与，跑出健康"，从学生熟悉的情境入手。最令我难忘的，是在联系生活感受比的广泛存在时，学生所表现出来的专注与投入……

三、反思要关注学生的学习结果

从以学论教的角度来说，学生的学习结果应是我们反思时的一个落脚点，分析学生作业中存在的问题更容易让我们找到改进教学的方向。用比例解决问题是六年级下册的教学内容，北师大版教材没有安排专门内容，但在练习中出现了相似的题目，而其他版本教材均安排了相关内容。集体备课时，我们同年段的老师对这个问题进行了研讨，最后决定补充"解比例"这个知识点。在教学这部分知识后，我特别关注学生的作业，并对其中一些问题进行了反思，写了《"用比例解决问题"的三次反思》一文，发表在《中小学数学》上。

总之，教师只有做到反思常态化，并真正做实、做深，才能在反思中得到有效提升，体验到反思的价值与快乐，并且在不断的反思中悄悄成长。

4.2 重视案例写作

对案例的关注与研究在法学界、医学界和工商管理学界早已成为惯例，在这些领域中，案例是专业人员发展不可或缺的中介。一名医生总是伴着对一个又一个病例的研究而逐渐成长的，一名律师是在对一个又一个案例的剖析中不断成熟的。教师也是如此，要使教师实现从"教书匠"到"研究型教师"的转型，学会案例分析与写作应是必由之路。

虽然"案例"一词已被不同领域的人关注，但对于何谓案例、案例的规范格式等，远未达成共识。汇总相关的研究，我们可以试着这样理解：教育案例就是对教育教学过程中一个实际事件或情境的描述再加上作者的看法。为了让教师更好地了解什么是教育案例，以下从两个方面进行介绍：

一、教育案例与其他教育文体的区别

1. 与论文的区别

从文体看，论文是以说理为目的，以议论为主，可举不同的事例，但都是为了论证同一个观点；案例则以记录为目的，以叙述为主，兼有议论和说明，围绕同一事件，但可以从不同的理论层面来解释。从写作的思路看，论文是为理论找事例，是从抽象到具体的演绎思维；案例是为事件找理论，是从具体到抽象的归纳思维。

2. 与教案、教学设计的区别

教案和教学设计都是事先设想的教育教学思路，是对即将发生的教学活动的设计与说明，重在预测；而案例是对已经发生的教育事实的追述与思考，重在反思。

3. 与教后记、教学实录的区别

教后记是教师在上完一节课后及时记下课堂上发生的事件或自己的感受，即教学事件，它是案例写作的必备素材，但并不是每篇教后记都值得当作案例，需要有所选择。案例与教学实录的体例比较接近，它们的区别也体现了案例的特点和价值。教学实录是有闻必录，从上课到下课，师生

的语言、动作、效果都要尽可能详细地描述出来，是针对一节课的记录；而案例则是根据研究目的有所选择地记录，一般以片段记录为主，可以针对一节课，也可以针对几节存在共同问题的课。

4. 与教学随笔、教学反思的区别

教学随笔、教学反思是伴随着新课程实验而兴起的教育文体，它们也应该包括教育情境及个人思考，只是和教学案例略有不同。教学随笔写作形式比较灵活，是作者有感而发，边叙边议，甚至可以说是写教育故事的散文；教学反思一般是教师对自己的教学行为进行分析，提出改进意见或困惑，引起他人的思考；而案例的指向对象范围更广，可以是自己的教学行为，也可以是他人的教学行为，大到分析一个国家或地区的教育状况，小到描述一堂课或一次活动，可以详细叙述事件发展的长期过程，也可以着重说明某个情境片段。

二、教育案例的特性

案例选取的应是有研究价值的真实发生的典型性事件。这一论述，反映了好的案例应具有的三个特性：

1. 典型性

案例应具有相对完整的情节，能以小见大，反映出某一类事物或教育活动的基本共性，有较强的研讨价值，有助于教师总结经验，吸取教训，提升教育理念。因此，作为案例的事件要具有一定的典型性，对这一事件的分析、解决要能说明、诠释类似事件，要能够给他人以较大的借鉴作用。如"如何让课堂活而不乱"、"如何在课堂上落实三维目标"，这类问题是许多教师普遍感到难以把握的，可以选取自己或他人在教学中比较典型的事件进行分析，对读者有所启发。

2. 价值性

案例所研究的问题应是教师们认同的问题，要有理论价值和实践价值，要有现实的指导意义，能对教师们的后续教学工作有指导、借鉴意义。

3.客观性

案例反映的必须是真实发生的事件，是事件的真实再现。虽然案例展示的是一个生动的故事，但在写作时应客观描述，如实介绍，不能歪曲事实真相，分析要就事论理，实事求是。为了表达的需要，可以在尊重事实的前提下，适当增删一些情节、场景等；为了保护正当的隐私权，可以虚构地名和人名（但应注明）。

三、教育案例的结构

案例的结构控制着案例的功能。只有优化案例的结构，才能增强案例的可读性和整体水平。一般来说，教育案例包括内在结构和外在结构。

1.案例的内在结构——五个要素

案例的内在结构是由五个要素组成的：主题、背景、结果、细节、评析。每个案例都要有一个主题，有的时候案例的主标题就是案例的主题。有了主题，写作时就不会有闻必录，而是对原始材料进行筛选，有针对性地向读者交代特定的内容。一般来说，教案和教学设计只有设想的措施而没有实施的结果，教学实录通常也只是记录教学的过程而不介绍教学的效果。案例则不仅要说明教学的思路，描述教学的过程，还要交代教学的结果——某种教学措施的即时效果，包括学生的反应和教师的应变等。让读者知道结果，有助于加深其对整个教学过程的了解。

2.案例的外在结构——三大部分

教师应注意，案例须包含五个要素，但在写作的时候，五个要素并不是截然分开的，也不一定要一个个要素按顺序写，一般可以分成三大部分：

案例背景。主要交代事件发生的有关情况，如介绍一节课，可以介绍教材内容、教学目标、学生情况、教师情况等。这是为了让读者更好地理解主题，不需要面面俱到，而要与主题相关，重要的是说明故事的发生是否有什么特别的原因或条件。

案例介绍。介绍案例时应贯穿一条主线：学生在教师引导下怎样参与学习活动，怎样通过思考、操作及合作探究来解决问题、提高自己，包括学生怎样发现和提出问题，怎样思考、讨论、交流以及怎样得出结论等行为表现，突出主要学习步骤和学习方式的转变。

案例评析。评析是在记叙基础上的议论，主要是评析学生的学习效果，反思自己（或他人）的教学理念，提炼教学经验与教训，进一步揭示事件的意义和价值。评析案例要从教学活动的实际出发，把自己（或他人）的教学行为提到新的教学理念的高度进行审视。对于案例所反映的主题和内容，包括教育教学的指导思想、过程、结果以及利弊得失，作者要有一定的看法和分析。比如，同样的一个"合作学习"的案例，可以从教育学、心理学、社会学等不同的理论角度切入，揭示成功的原因和科学的规律。评析不一定是理论阐述，也可以是就事论事，有感而发，对解决问题的方法做深入分析——哪些遵循教育规律，哪些违反教育规律，应如何改进，便于读者在以后的教育教学中注意和改进。

4.3 怎样写好案例

由于案例研究与写作对教师来说还是一个新兴事物，很多教师还不能真正理解教育案例的内涵及研究方法与写作技巧，从而导致文章质量不高。下面谈谈自己的一些思考。

一、写作中存在的主要问题

1. 主题不鲜明

每个案例都应提炼出一个鲜明的主题，主题通常涉及教育的核心理念、常见问题、困扰事件，要富有时代性，体现改革精神。可以说，主题就是一篇案例的灵魂。有时可在案例的题目中体现主题，以帮助读者更好地了解作者的写作意图。在收集到的案例材料中，普遍存在主题不鲜明的现象，具体体现为：（1）定题过于随意，有近一半的案例直接用课题名称作为题目，如《"两件宝"教学案例》、《"买文具"教学案例》；有的甚至用"小哥哥会回来的"、"纸的故事"这样的题目，让人看了不知所云。（2）主题涣散。有的案例为记录而记录，没有根据需要有所取舍，看不出作者要研究的问题，等等。对此,首先要考虑案例反映的问题,确定主题,然后选择最有感受、最具启发性的角度切入,这样才能写出水平较高的案例。

2. 结构不合理

案例作为一种文体,有自己的写作结构,只有优化案例的结构,才能增强案例的可读性,提高整体水平。从收集到的案例材料看,有些老师对案例的结构特征并不了解,导致案例结构不尽合理。具体表现为:(1)写成了教学设计,有的案例包括"教学内容、备课思路、教学目标、教学重点、教学方法、课前准备、教学过程"等内容;(2)写成了教学实录,把一堂课从头到尾详尽地记录下来,再写上作者的看法;(3)重记录轻分析,在过程描述时用了很大的篇幅,分析时却只有寥寥数语,看不出案例研究的问题;等等。

每篇案例都是由其内在结构和外在结构有机构成的。内在结构包含五个要素——主题、背景、结果、细节、评析,但在具体写作时,五个要素并不是截然分开的,而是有机整合后以外在结构呈现出来。案例的外在结构是案例的表层结构,是五个要素在案例运行中的外化形式。一般来说,案例的外在结构包括三大部分:背景介绍、案例描述、案例分析。有时也可根据需要分成四个部分:主题与背景、情境描述、问题讨论、诠释与研究。我们在写作案例时,既要深入思考它的内在结构,又要认真构建它的外在结构,使两者有机结合起来。

3. 选材面过窄

收集到的案例材料虽然涵盖面较广,涉及目前学校教育中的各个学科,但从内容上看,大多是有关课堂教学甚至局限于一节课的研究。这说明教师对教育情境的丰富性和复杂性认识不够,没能真正理解教育案例的内涵,以致在写作时选材过于狭窄。

教育案例的内涵是极其丰富的,除了对一节课的案例研究,还可以针对以下几种情况开展研究:(1)对一次活动的研究。这里指的不是只把活动过程描述出来再加上分析,而是研究组织、开展各种活动时的具体问题,如活动的主题设计、组织形式、资源开发、环境支持、教师的参与指导等。

（2）对一件事的研究。学校教育中发生的每一件事都可以说是一个情境，老师们可以选择具有研究价值的事件进行研究，如对学困生的一次辅导、跟学生的一次成功的谈心、课堂中的一个偶发事件，等等。（3）对一种现象的研究。在教育过程中，有许多普遍存在的现象会引起我们的思考，比如合作学习形式化、课堂"活"了但却很"乱"、独生子女缺乏爱心问题，等等。这些现象背后都隐藏着许多教育问题，如能对这些问题展开研究，其案例价值就会大大提高。（4）对一个人的研究。在工作中，常常会有一些人引起我们特别的关注，这些人可能是学习困难的学生，也可能是有特殊天赋的学生；可能是有独特教学风格的教师，也可能是育人艺术非常高超的教师。通过对这些人的研究，可以发现、体会和借鉴许多有益的、宝贵的教育经验。

4. 缺乏典型性

有的案例缺乏典型性、普适性，对教育实践没有进行挖掘与反思，而是随意摘取一些教学片段泛泛而谈、人云亦云，没有实用价值。作为案例的事件要具有一定的典型性，要通过对这一事件的分析、解决，说明、诠释类似事件，达到举一反三的效果，这样才能对他人有较大的借鉴作用。

5. 描述与分析脱节

有的案例描述与分析矛盾，让人不知所云；有的事件反映的是一种观点，分析阐明的则是另一种观点，即使不矛盾，也无甚联系；有的在分析时热衷于抄录教育理论的一些条条框框，脱离案例描述的事件而空谈理论，显得空泛无物，等等。

二、几点建议

1.学习案例知识

教师要注意学习各种书籍、报刊上关于案例写作的知识，明确教育案例的写作要求、方法等。初学者可以多学习一些教育案例的写作样板，便于直接吸收，可以模仿、借鉴他人的写法，结合自己的教学事件学习写作。撰写案例之初，可能写得不好，但没有关系，只要坚持不懈，必定会越写越好。

2.注意收集素材

教师要写好案例,首先要有素材,这样才不会造成"巧妇难为无米之炊"。案例存在于教育事实之中,隐藏于教育现象的背后,只要存在教育现象,并且这种现象中存在一定的问题,就存在案例的素材。有的时候,好的素材是可遇而不可求的。因此,我们要做教学的有心人,处处留心学习、实践、积累,注意收集素材,为案例写作提供必备的基础。笔者认为,收集写作素材可从以下几点入手。

(1)从教学实践中收集。生活是创作的源泉,案例写作的源泉则是教育实践。在教学中,每一个教师都会有令人欣喜的、成功的实践,这个成功不一定是很大的成功,可以是自己满意的一堂课、一个精彩的教学环节的设计、一次巧妙的问题解答或者一次高效的作业训练等。教师也常常会发生失误。比如,本来设计得好好的,可是一上讲台,讲得乱七八糟。面对失误,我们应该冷静地想一想:为什么会失误?主要症结在哪里?应该吸取什么经验教训?可以用什么方法来弥补?等等。对失误进行深入的思考和认真的总结,也是案例写作的一个重要内容。

(2)从学生的学习活动中收集。学生学习成绩的好坏,除了受到智商的高低和勤奋与否这两个因素影响外,还受到学习的方法、技巧、个性等因素的影响。比如,有些学生在某些方面成绩突出,并不一定是因为智商特别高或者特别勤奋,可能有技巧和方法等方面的原因。那么,教师就应该帮助总结,并设法加以推广,让广大同学都受益。学生的学习也常常存在失误,原因有多种,可能是没有掌握方法和技巧,可能是缺乏经验,也可能是受到某种心理的干扰。所以,学生学习的失误是一个很值得研究的课题。我们应该研究:学生为什么会产生错误?如何面对学生的错误?

(3)从研讨活动中收集。在新课程实验中,各种各样的研讨活动给了教师很多锻炼和学习的机会。教师不应为听课而听课,而应带着问题听课,如同样的内容自己是怎样教的,别人是怎样教的;自己的课学生学得怎么样,别人的课学生状况如何。通过比较,找出差异,差异就是思维之源。对于教师来说,听课和评课是经常性的工作,千万不要轻视,而应该把它当作捕捉写作素材的极好机会。

3. 掌握写作技巧

案例是一种特殊的写作文体，在写作时也有一些技巧，只有掌握技巧，才能提高案例的说服力和可读性，提高案例的整体水平。

（1）确定主题时的注意事项

①主题紧扣案例。提炼主题时必须以案例为基础，不能脱离案例随意确定。

②定题具有新意。确定主题的角度要新颖，确定的主题最好出乎意料，又在情理之中。如果在题目中体现主题，则应让读者看了题目就有看正文的迫切要求。

③顺应时代发展。要与时俱进，针对当前课堂教学中亟须解决的难点、热点问题；要符合素质教育、创新教育的精神，如当前可以多关注一些课改过程中遇到的问题。

（2）介绍事件时的注意事项

①目的明确。教师撰写的每一个教学案例，都要反映某个问题、某个疑难或某项决策。教学案例不仅要描述人物的语言和行为，而且要体现人物的内心世界，如需要、动机、态度等，还要将某种教学思想、教学方法、工作原则、活动构想蕴涵在其中。

②情景完整。教学案例要写出事件发生的背景，即写出特定的时间、地点和条件，如教师、学生的基本情况、教学条件、教学环境等，要写出解决一个问题的全过程，要有一个从开始到结束的完整情节（比如，一个片段要有头有尾）。

③取舍恰当。教学案例通常篇幅较短，要求文字简练。因此，情景介绍主次要分明，在写作时要恰当取舍，尽量写好主要事件，尽量精简那些与主题关系不大的内容。

（3）进行分析时的注意事项

①理论与实际紧密结合。在撰写案例分析时，要就事论理。对案例中描述的事实、提出的问题，要运用教育学、心理学的基本原理。分析时自始至终要紧扣案例，不能脱离案例本身去讲教育理论，要能找出案例的基本目的和主要问题，力求抓住要害，深入细致地进行分析。论述时要画龙点睛，把问题点明、道理说清，将主题揭示出来。

②分析务必实事求是。案例分析要有求实精神，不夸大，不缩小。分析要实在，要有针对性，要讲关于这个案例的具体的小道理，不要讲正确但空洞的大道理。不要热衷于抄录教育理论的条条框框，要将教育理论的观点自然地融于分析之中。

③要有独到的见解。同一件事，可以引发不同的思考。在一定意义上说，案例的质量是由作者思考水平的高低所决定的。因为选择典型事件、揭示人物心理，都是从一定的观察角度出发，在一定的思想观点的引导下进行的。从纷繁复杂的教育现象中发现问题、提出问题、解决问题，道出人所欲知而不能言者，需要有一双"慧眼"。要具备这样的功力，没有什么秘诀和捷径，只有在长期的磨炼中领悟和掌握。

很多教师不爱写案例，担心评职称时用不上是原因之一，殊不知，案例写多了，素材积累多了，撰写论文时就会言之有物，质量也会得到提高。因此，教育写作一定要摒弃功利心理，先从自己的实践入手写案例、随笔、叙事等比较容易入手的文章，不断提升自己的思考水平与写作能力。

4.4 积极争取发表

经常被同行问起："写作有什么秘诀？发表有什么诀窍？"以前我总会说，没什么秘诀，只要多写就会有发表的那一天。这是自己一直坚持的看法。但坚持写作的过程却让我有了另一种认识：好文章是做出来的。

这里的"做"，是学习、实践、思考的过程，上升到理论层面，就是教师行动研究的过程。教师在教育教学过程中不断发现问题、思考问题、解决问题，就是一个行动研究的过程。来自实践的问题才是真问题，而将这些问题提升为课题，再进行系列研究与思考，我们也就不知不觉地学会做研究了。

文章写出来，就要争取发表，现在教育杂志很多，大部分都接受电子投稿，这是省时省心又省钱的好方式。因此，老师们可以向杂志提供的电子邮箱投稿。但投稿前要注意以下几点：(1)时机要找准。多关注当前的教育热点，或者关注各刊物的组稿信息，集中精力思考某一话题。(2)要把握好发表时间。如果是教育设计之类的文章，一般要提前三个月投稿。(3)字数要控制。写作新手可以从小文章——案例或随笔入手，一千多字的文章很容易发表，发表能增强自己的信心和兴趣，慢慢地，文章就会越写越长、越写越好。

　　总之，平时要多阅读教育杂志，了解各种杂志的办刊追求，不同的办刊追求会形成不同的特色，投稿时要抓住刊物特色，投其所好，这样才能增加发表的概率。

　　叶澜教授说："实验教师不要整天忙于事务，时间是最厉害的腐蚀剂，它会把一些独特的感受销蚀殆尽，不要怕自己不会写，哪怕是随记，要把观念的变化记下来，要给自己规定写作的时间。"相信只要我们持之以恒，勤于记录，发表的那一天就在不远处等着你！

第4项

追随智者

教师作为一种专业，需要睿智、机智、理智、明智、大智、德智。从教二十余载，回首成长历程，那些让自己感动并铭记的面孔又浮现在脑海中。一路走来，正是这些智者，用他们的经验、智慧，在我失落的时候给予鼓励，在我迷茫的时候给予点拨，在我成长之时给予喝彩，而自己所能做的，就是不停下脚步，并走得更好。

1. 汲取力量

1.1 教育要让谁满意
——东北师范大学培训散记之一

作为厦门市专家型教师培养对象，2011年秋季我在东北师范大学进行了为期40天的集中培训，其间听取了多位大学教授的讲座，对于一个没有真正接受过大学教育的师范生来说，这是一次弥足珍贵的机会。

东北师范大学继续教育学院院长于伟教授，是给我们讲课次数最多的老师。于教授讲课不用讲稿，娓娓道来，看似随意而发，其实是以丰厚的学识为支撑的。他还特别要求他的博士生帮助记录发言重点，因为有不少东西是即时生成的。由此我想到我们的课堂，吸引我们的，实乃课程内容折射出来的学识素养、人格魅力。

于教授对儿童显然是非常关注的，从他推荐的书籍、引用的话语中，都可以感受到这一点。特别是他用PPT投放的放在其书房里的儿童图画作品，让我们很惊讶。他说，在书房里摆上两幅充满童趣的图画，可以中和一下厚重的感觉，让人愉悦。

在"何为儿童"的追问中，于教授作了以下回答：

儿童是哲学家。儿童有自己的哲学，童年时的兴趣对一生都很重要。他还特别强调提问题是善于思考的表现。这让我不由得想起了自己正在努力培养孩子提问题意识的"三得三问"。在对学生自学进行指导时，我要求学生用"三得三问"来记录自学情况，"三得"指思考本课知识与哪些旧知识有联系、学会了什么新知识、这些新知识在生活中有哪些应用。"三问"指学了本课，自己还有什么不明白的问题；本课教材有何问题；结合本课知识出一道考题。实施一段时间以来，有不少孩子在发现问题方面令人惊叹。看来，这个做法还可以细化。

儿童是艺术家。毕加索说："每一个儿童都是艺术家。"我们要尊重每个孩子鲜活的创造。如果我们的课堂上都有孩子眼中的美的因素，就不怕孩子不喜欢了。"教学的极致就是用孩子们喜欢的方式教学。""要用大片的精神来做每一节课。"如果我们不断地用于伟教授的这两句话来反思与鞭策自己，相信我们的课堂会越来越有艺术的味道。

儿童是梦想家。要尊重儿童的想象，创造条件让孩子尽情地想象。我们的教育给予孩子的想象空间本来就有限，再加上我们有时出于善意其实却是伤害的扼杀，孩子眼中的"太阳"慢慢就变成"小黑点"了。

于教授认为日本和中国台湾对儿童的研究是值得我们学习的，他提出要做原生态的教育，让孩子"滚一身泥巴，体验童年的乐趣"。由此我想起了有一年我到台中光复小学参观，校长说要把草坪边的栏杆去掉，在草坪边上铺上鹅卵石小道，让孩子们课间时可以到草坪上跑跑，捉捉迷藏。同来参观的一位同行说，学校里有一片草坪，她最喜欢的是下课后，看着孩子们欢快地朝着草坪跑去。"你想想，如果这个时候孩子还是慢悠悠地走，他还是孩子吗？"我们整天在抓孩子课间跑，是基于安全的考虑，怕他们摔倒受伤，但孩子的天性就是这样的。教育，就是这样两难。那么，我们能否找到一条中间地带？

当一个老师有胸怀、有民主平等的意识时，孩子们幼稚的表达就能够长出来，他们就会有更多鲜活的创造。走近他们，是你成功的第一步！

于教授说，在教育中，我们是不是可以这样思考：教育是否成功，要看孩子们满意不满意，高兴不高兴，拥护不拥护。

由此，办人民满意的教育，是否可以理解成办孩子满意的教育？其实，二者并不矛盾，孩子满意了，人民应该也就满意了。

"儿童是成人之父。"（蒙台梭利）课改已进入必须解决实质性问题的深化研究阶段，如何尊重儿童、创造适合儿童的教育，应当成为我们思考并实践的一个方向。

1.2 聆听大师讲有效教学
——东北师范大学培训散记之二

得知国培计划"小数"班有课,于是我们几个伙伴相约去蹭课。到了原来的教室,却发现铁门紧闭,原来改了上课地点。赶到邻近的教学楼一看,整个大教室坐得满满的,讲课者也不是原来听说的那位女教授,一打听才知道,竟然是东北师范大学的校长史宁中教授亲自讲课,这是研修计划里面没有的,原定讲课的是首都师范大学刘晓玫教授——史教授的学生,她的课挪到晚上了。听说是史校长授课,我心里大喜。

史教授讲的是有效教学。他认为有效教学的标准有三条:(1)能够注重学生的全面成长;(2)能够抓住知识的本质,引发学生的兴趣,启发学生思考,让学生在理解的基础上掌握所学的知识;(3)能够培养学生良好的学习习惯,帮助学生积累专业思维的经验,逐渐形成学科的直观。有效教学的原则是讲授得清楚、理解得明白。

史教授是校长,又是全国中小学数学课标修订组的核心人物,他对中小学的教学案例如数家珍,特别是他提出的问题,令人深思。为什么先乘除后加减?为什么一年是365又$\frac{1}{4}$天?为什么除以分数等于乘以分数的倒数?等等。这些问题是我们司空见惯的,平时在教学中认为是天经地义的。经史校长一追问、一解释,越发觉得原来我们对数学的理解只是在表层。史校长说概念本身不重要,只是个名称,而概念之间的关系才是最重要的,小学就三十几个概念,一定要抠清楚,只有抠清楚了,才能在教学中抓住数学的核。

"思考"一词,是贯穿史教授整场讲座的一个关键词。"学生就得让他们想,不让他们想,永远不是学生的知识,只是老师的。""数学主要不是教知识,而要通过知识这个载体,打开学生的智力,教会他们思考。""一堂好课就是要引发学生思考,老师讲课不在于巧,而在于活,要让学生思考。"在刚结束的第二届中小学数学峰会上,《人民教育》总编傅国亮先生说:"新课程改革,要改变教师的教学方式,但这只是手段,不是目的;目的是改变学生的学习方式,最终,改变学生的思维方式。"

史教授还引用了一些数学课标修订的事例,其中有他提供的很多例题。

有一道题目需要学生自己制定标准,然后分类。他说,就是要培养学生制定标准的意识,为什么我们在国际上没有发言权?因为标准都是外国人制定的,我们没有标准。小题目大使命,当然,还得教师理解课标精神,合理使用教材。

"教育"一词来自孟子的"得天下英才而教育之,三乐也",而在有些国家意为"把什么东西引往高处"。这些,我是第一次听说,可谓长了见识了。史校长说,"多讲一些与素质有关、与知识无关的话",也许,他的讲座就是在诠释这样的观点。他还强调课要上好,就必须做好三件事——预设、生成、反思。他认为,备课不能备得太满,要留给学生思考的空间;生成是随机调节,学生听不懂就举例;而课后的反思要做实,如果给平行班上课,后面一节课肯定要比前一节课上得好。

一个大学校长,讲起小学低年级的内容时那么自然亲切,他还得意于自己给小学生上课他们能听懂。他说他每年给附小教师上两次课,给初中教师上一次课。也许,正是因为史教授的治学风格,他才带出了一批积极实践的教授,能深入一线,接触到真正的教育现实,给教师们更多的引领和帮助,使高校的研究成果更多地落实到一线教学中。

课后,史教授让学员们提问题。刚开始有点冷场,但后来条子一张张地递了上去,有比较宏观的问题,但更多的是细节问题,甚至涉及某一知识点的处理。史教授一个一个地作了解答,这种亲和、尊重的风范感动了学员们,而他幽默睿智的回答更是引发了一阵阵笑声和掌声。比如,在回答关于杜郎口的教学经验的提问时,他说:"如果老师都不懂怎么教,就让学生自己学嘛;如果是像我这样的好老师,就让老师教嘛。"看似不谦虚的话语中却充满了辩证的思维。

下课后,我到校园里的书店买了他的书,准备继续聆听教诲。

1.3 教学要培养学生的"大智慧"
——东北师范大学培训散记之三

我在省学科带头人培训时曾听过孔企平教授的课,这次再见,他仍是一派温和的学者气度、亲切的授课风格,讲课时始终站在前面,经常与学员互动,这样的专家是大家都欢迎的。

孔教授讲的主题仍是有效教学，与史教授讲的主题一样，可见这个话题是当前教育改革的热点与重点。如果说史教授重在理念引领，那么孔教授就是细节指导，两者结合起来听，让我们对有效教学的理解更清晰也更深刻了。

孔教授认为有效教学应达到三个目的：有效地促进学生发展，有效地改善学生的学习方式，有效地促进教师的专业成长。

在谈到有效地促进学生发展时，孔教授举了自己到香港访学的经历，一份漏洞百出的作业，外文老师竟然连写了三遍"极好！"。当问及原因时，这位老师说："这篇习作反映了这位学生的独立思考！"相比之下，我们的教学更注重格式规范、重点突出。在这里，孔教授有意无意地渗透了自己的教育期望，这就是一种隐性课程，体现的是一种教学品位与文化。他还引用了蔡金法博士对中美学生在解决问题方面的差异研究，面对不同文化的教学风格，孔教授并不是一味地推崇别人的做法，而是希望通过研究，让大家能找到一条中间地带，在不丢失好传统的同时给教育注入新的东西。

在教师的发展方面，孔教授认为研究型的教师必须具备四个特点：有比较强烈的研究意识，不仅将教育作为职业，更作为事业，要热爱教学，享受教学，热爱学生，享受学生；有比较长时期的研究实践，要研究课堂、学生、教材，研究如何才能上好课；是反思型教师；特别注重把实践经验上升为理性认识。最难做到的是第四点，而要实现这样的目标，可以做课例研究。

"数学教学要培养学生的'大智慧'。"几年前就听过孔教授这样的期望，此次重温，我仍触动很大。那么，如何培养学生的"大智慧"呢？

教学时要让学生深度参与。孔教授认为，学生的参与有三个方面——行为参与、认知参与和情感参与，但这三种参与并不平衡，行为参与最强，认知参与次之，情感参与最弱。因此，在教学中要关注学生在课堂上的情感体验，注意挖掘隐性课程；要发挥学生在学习活动中的主体性；提倡有针对性的教学活动，比如诊断性教学、个性化教学。而促进学生参与的教学要素有以下几点：

通过自学让学生学会学习，预习的作用要大于复习；探索与表达让学生经历数学化过程；合作与交流让学生分享经验；诊断与辅导体现个性化教学。

教学时要留给学生思考的空间。在引用蔡金法博士的研究案例时，面对中国大部分孩子的常规思维和美国孩子的非常规思维，孔教授认为两者都有各自的优点和不足之处。怎样取其优点呢？可以在学生未正式学习解决问题的方法前，先让学生思考，然后进行讨论、交流。这是方法优化的过程，通过这个环节巩固基本的方法，实质上是把创造性的思考引进计算教学中。算法多样化实际上就是引入思考的过程，所以在教学中要正确处理，不要急于把所谓的好方法教给学生，而要让他们自己经历选择判断的过程，这样的方法才是他们自己的方法。另外，在课堂上要精心设计提问，引导学生充分思考。美国的作业形式有练习、问题、开放性问题、课题，这也值得我们作适当的尝试。

孔教授认为研究可以从三个步骤入手：反思——评课——研究。研究课的作用是解决一个问题、总结一个经验、提供一个方法、说明一个道理，课只是载体，是带有特有研究课题的。而研究的对象可以是目标、学生、教师。"研究从反思开始"，听到孔教授的这句话时，我想起了自己放在博客上的一句话："当你困惑时，你已在思考；当你思考时，你已经悄悄地成长了。"

1.4　教学应追求"悟其渔识"
——东北师范大学培训散记之四

周六，阳光透过窗帘照进屋里。我在重温王晓英教授的"关于有效教学的几个基本问题的思考"讲课笔记，对她提到的教学的三重境界有所思考。

在讲课过程中，王教授讲了这样一个故事——《渔王的儿子》。

有个渔人有着一流的捕鱼技术，被人们尊称为"渔王"。然而，"渔王"年老的时候非常苦恼，因为他的三个儿子的渔技都很平庸。

于是他经常向人诉说心中的苦恼：我真不明白，我捕鱼的技术这么好，我的儿子们为什么这么差？我从他们懂事起就传授捕鱼技术给他们，从最基本的东西教起，告诉他们怎样织网最容易捕捉到鱼，怎样划船最不会惊动鱼，怎样下网最容易请鱼入瓮。他们长大了，我又教他们怎样识潮汐，辨鱼汛……凡是我长年辛辛苦苦总结出来的经验，我都毫无保留地传授给了他们，可他们的捕鱼技术竟然赶不上技术比我差的渔民的儿子！

一位路人听了他的诉说后，问道："你一直手把手地教他们吗？"

"是的,为了让他们得到一流的捕鱼技术,我教得很仔细、很耐心。"

"他们一直跟随着你吗?"

"是的,为了让他们少走弯路,我一直让他们跟着我学。"

路人说:"这样说来,你的错误就很明显了。你只传授给了他们技术,却没传授给他们教训,对于才能来说,没有教训与没有经验一样,都不能使人成大器!"

王教授认为,渔王只注意授人以鱼、授人以渔,却忽视了捕鱼过程中的经验、教训,后者其实是授不了的,只能给予机会让孩子自己去感悟。

应用到教育中,王教授认为,教学的三重境界分别是授人以鱼、授人以渔、悟其渔识。"授人以鱼不如授人以渔"是我们耳熟能详的一句话,而王晓英教授则给这句话赋予了新的内涵——教育经努力让学生"悟其渔识"。"授人以鱼"比喻将知识直接灌输给学生;而"授人以渔"比喻让学生经历知识形成的过程,得到一定的方法;而"悟其渔识"则是让学生将知识感悟转化,形成自己的见识,并在新的问题出现时能灵活解决。这样的境界提升,是随着教师的专业成长而实现的。能否走到第三境界,就是经验型教师与研究型教师的分界点。我们都应该不断地追求"悟其渔识"的教学境界。

那么,怎样才能在小学数学教学过程中让学生"悟其渔识"呢?我认为,要给学生多留出一点儿空间,发展学生的"四能"。

课标修订稿提出了要发展学生的"四能",即能发现问题、能提出问题、能分析问题、能解决问题。史宁中校长说:"一个人在18岁之前没有独立思考过一个问题,没有经历过发现问题、提出问题进而分析解决问题的全过程,长大以后要想成为创新人才,几乎是不可能的。"而在这"四能"中,首先要培养学生善于发现问题的眼光。"三得三问"自学法实施一段时间后,孩子们在发现问题和提出问题方面给了我不少惊喜。比如,有些孩子发现教材中的数据是过时的,比如"生活中的大数"中的数据竟然是十年前的;有的孩子在学了直角、平角以后,提出"比180度大比360度小的角是什么角"。这些问题,都是孩子思维火花的闪现,我特别珍视,在课堂上进行表扬,还专门设置了"优秀发现奖"、"最有价值问题奖"来奖励学生。

事实上,对小学生而言,"发现问题"更多的是指,发现了书本上不曾教过的新方法、新观点、新途径,以及知道了以前不曾知道的新东西。对教师来说,这种发现可能是微不足道的,但是,对于学生却是极其难得的,因为这是一种自我超越,可以获得成功的体验和必要的经验(孔凡哲语)。学生可以在这个发现的过程中领悟到很多东西,长期坚持下去,就渐渐地"悟其渔识"了。

1.5　当爱已成为习惯

有一次,到一所农村小学听一位年轻女教师的课。我们听的是第二节课,上课前学生要做眼保健操。一般的教师都是学生一做完操便马上喊上课,至多也就是让学生稍微休息几秒钟,特别是有人来听课时更是这样。可是,这位可爱的女教师没有直接喊上课,而是说:"同学们,现在请大家往窗外看一看。"我们也跟着往窗外一看,哇,一大片绿油油的稻田!这一片非常养眼的绿色,顿时让我们也精神一振。大家看了几秒钟后,老师才喊"上课"。

还有一次,到一所学校,在等待上课的一小段时间里,我坐到了一位老师的办公桌前,顺手拿起桌上摆放的学生作业本翻了起来,不由得被吸引住了。作业本上,没有"×"的记号,学生做错的地方老师用"?"做记号,学生改正后再打"√",这叫二次批改。然而,吸引我的还不是这些,而是每份作业后面老师的批语:"祝贺你,进步了!""今天怎么啦?小马虎找上你啦?""老师相信你能自己做对的,是吗?"……这是教师的留言,在每句教师留言后面都有学生的回应:"谢谢你的鼓励,老师!""老师,我现在越来越爱上数学课了。"……特别令我感动的是,有好几个学生在留言中关心老师的健康:"老师,你咳嗽了很久了,要吃药才能好得快。""老师,你咳嗽得很厉害,还要给我们上课,我真想替你生病。"……刚好这位老师来了,是一位年轻、活泼的女老师,见到我在看学生的作业本,有点不好意思。她说:"现在数学课时很少,我就利用这个方法和孩子们交流。现在每天给对方一句话已成了我们师生间的一个习惯。"

一片绿色摆在窗外,这并不是每个季节都会有的,但当绿色消失时,这位有爱心、有智慧的教师会引导学生欣赏窗外金黄的美丽;给学生写一句话容易,给每个学生都写、每天都用心地写就不容易了,但这位有爱心的老师做到了。

这些学生是幸福的,他们得到了老师真诚的爱;这些老师是幸福的,她们收获了孩子们纯真的爱。

当爱已成为习惯时，爱与被爱都是幸福的……

1.6 "王特"轶事

"王特"原来不是"王特"，师范毕业后被分配到了南安最偏远的山区——翔云乡，之后走了几所学校，当了十几年的乡村男教师，最后到了南安市教研室。现在是小学教研室主任，因为他是特级教师，套用当今流行的"陈局"、"吴队（长）"之类的叫法，叫他"王特"倒也顺口（不过当面我们不这样叫他，而是叫老师）。"王特"已退休，但他返聘后学习还是那么认真，下乡还是那么积极，还经常有文章出炉，而他更多的精力则花费在组织和协调处室人员做好各种工作上。

在我们眼里，"王特"更像是一位可亲可敬的长者，他对年轻人更多的是宽容、鼓励。每当我们有好的成绩时，他总是说，"很好，很好，年轻人就应该这样"，很简单的一句表扬却让我们平添了几分责任感，我们就像小学生一样，为了再听到这样的表扬而更加努力。这种直接的表扬与间接的鞭策使得许多老师成长得更快，特别是他身边的教研员。他说："希望看到更多的年轻人成长起来，这样我们的事业才有希望。"有时我们遇到了烦恼，他总是认真倾听，然后说出自己的看法，虽不替你选择，但你已知道该如何选择了，因此，我们戏称他是"心理疗养师"。在他身上，我们真正体会到了什么是学识渊博、底蕴深厚，体会到了什么是虚怀若谷的学者胸怀。

"王特"很有幽默感。有一次学校要求教师集中学习信息技术，"王特"学了一个晚上，回家对夫人说："我今天总算体验到了差生的滋味，原来在课堂上听不懂老师讲什么是这么痛苦！"他老说自己对电脑特别没有感觉，至今还停留在只会操作鼠标的水平上。不过，由于他眼睛不太好，打字之类的事情由我们代劳。还有一次，大概是在外地的孩子回家了，一大家子在外聚餐，不常外出就餐的夫人吃得不是很舒心，"王特"就在旁边给她开导："你呀，就不要再想着今天的菜金能换算成几只'正番鸭'。"真是知妻莫若夫啊！

"王特"是一个多才多艺的人，只是很吝啬于表现，大概是怕打击我们的自信心吧。有时处室聚会，他会来一首《草原之夜》或《敖包相会》，那纯正的男中音让我们这些只会喊歌的年轻人汗颜不已；他偶尔会讲起以前在山区学校里，晚上常常开音乐会，老师们聚在一起吹拉弹唱其乐无比的景象，让我们这些晚上尽管有时间有时也不知做什么好的新时代教师羡慕得不得了。听说"王特"是个二胡好手，不过至今没见他表现过，看来这项活动只有摆到以后的日程安排表上了。

"王特"最可贵的是对生活始终保持一种从容、豁达、乐观的态度。年轻时，两个穷教师的工资要养育三个孩子是多么不容易，但"王特"总会开导夫人："现在过得穷不是我们的错，我们并不是好吃懒做的人，相信会越来越好。"现在他的子女事业有成，"王特"成了我们学校第一个住进"楼中楼"的教师。

有时，"王特"会给我们描述退休后的情景——在书房里看看书，在露台上看看夕阳，下雨时听听雨，偶尔到楼下散散步。我给他加了一个项目——"和夫人坐在摇椅上慢慢聊天"。这样的情形，是不是让我们这些听多了山盟海誓、看惯了聚散离合的现代人只有空羡慕的份儿呢？

2. 引领思考

2.1 追随智者是一种幸福

"新课程背景下'指导—自主学习'教改实验的深化研究"课题是由余文森教授主持的一个教育部重点课题，一次片区校研讨论活动中，参加的人员来自闽南的几所实验校。我校不是实验校，但因为我是课堂教学工作团队成员，同时被聘为课题组成员，所以我也参加了此次活动。余老师让我主评数学课，他在最后的发言中，对我给予了充分肯定，虽然我知道这更多的是一种师傅对徒弟的自然关爱，但还是让我又增添了几分信心。

时间真的过得很快！2006年3月第一次举行团队工作会议，大家从网络中走向现实，虽然未曾谋面，却能在见面时就像久别重逢的老朋友。还记得余老师在那次活动中说："我们的团队会成为一个学术的共同体、情感的共同体！"团队成员平日分散在各地，都努力地完成本职工作，因为不能有负"师大课程中心兼职教研员"的称谓。当工作任务来临时，团队成员又聚在一起，团结协作，出色地将之完成。

难忘北京那"黑白颠倒"的五天经历，难忘在餐厅里余教授指着我们对另一位知名教授说"这都是我的人"时的那种自豪。然而，更让余教授感到欣慰的，是团队成员在付出的同时也在收获成长，不仅仅是学识的增长，更重要的是学会了思考自己的道路。几年来，许多成员的职位、单位都发生了变动，但工作中更多了几分智慧，在各种场合、各种渠道，不断地能听到团队成员成长的消息。听到伙伴取得了成绩，每个团队成员都会发自内心地为之高兴，虽然平时工作忙，但只要有机会，大家都会互相关心一下。见面时，大家会用"兄弟姐妹"的称谓来表示自己对团队成员的热情。余老师倡导的"学术情感共同体"已在不知不觉中形成了!

在一次团队活动中,余老师跟我们聊天,说他现在的愿望是辞去院长的职务,只做学术研究,他说:"一辈子做好一件事就行了!"就是这样一句话,打动了我们的心灵。

智者不会告诉你"你要怎么做",但会引发你思考"我应该怎么做",这是追随余老师以来最深的体会。每次听余老师评课都有很大收获,"情境应该是盐溶于汤"、"三维目标不是割裂开来的"、"课堂教学应该有层次感",每次,余老师都能针对课堂教学的现状及问题开出一剂良方。而这剂良方对有心的听者而言,能触动心灵,引发思考,从而使之豁然开朗,神清气爽。

"一个人能走多远,看他与谁同行",是否也可理解成"一个人能走多远,看他追随着谁"? 在我成长的过程中,有多位智者在关键的时候给予点拨、指导。追随智者是一种幸福!

2.2 公开课——教师成长的助推器

对于公开课这个话题人们在很多场合都进行了讨论,观点不一,读了原海南省教科院蒋敦杰院长的《公开课为什么如此受青睐?》一文,我很受启发。我很赞同蒋院长所说的:"公开课可以批评,也需要批评;公开课需要改进,也可以改进;如果我们不能列举或建构一些公开课之外,比公开课更真实、更公正、更有效、更适合教师去做的事情,公开课就没法抛弃,也没法让人讨厌。"

就我本人来说,对于公开课始终是情有独钟。步入教坛二十多年来,从普通教师到骨干教师,再到省学科带头人培养对象,如果说我在成长的道路上能比别人走得快一些,我觉得很重要的一个原因是受益于"公开课"这个助推器。

二十多年过去了,我常常回味起自己的第一节公开课。那是1990年的夏天,刚从师范学校毕业的我很幸运地被分配到了南安县水头中心小学,这是一个能给教师更多机会锻炼、有利于教师成长的地方。由于学校的数学教师年龄结构偏老,需要补充新鲜力量,于是我成了学校里最年轻的数学教师。开学不久,学校承担了一场泉州市级观摩研讨活动,领导要我开一节数学课,而这时我的教龄还不足两个月。也许是"初生牛犊不怕虎"吧,我就这样走上了我的第一次公开课的讲台。我至今仍记得当时的情景，一间很大的电教室，后面、旁边、窗户外面都坐满了听课者，看下去黑压压的一片，一个稚嫩的年轻教师和一群可爱的孩子共同演绎着一个美丽的教学故事。当听课者课后知道我才任教一个多月时，他们都发出了由衷的赞叹声。可以说，这是我上公开课的起点，它让我受益终生。有了这个起点，学校有开课任务时首先总是想到我，我开过的各种研讨课、观摩课、示范课等不计其数，有人笑称我成了"开课专业户"。每一次开课，站在台上直接受益的是我，站在背后给我指导、为我辛苦的则有很多人，因为每一次开课前学校都会成立一个备课小组。那时的研讨不像现在，我们总是力求完美，研讨到三更半夜是经常的事，有时，为了一个情境创设，我们会争论得面红耳赤；有时，为了一句过渡的话语，我们会苦苦思索、细细推敲……就这样，我不断学习着身边教师的优秀经验，不断汲取着他们的思想和智慧，大大缩短了我从职初教师到骨干教师的成长周期。一次次的磨炼，让我从最初全盘接受他人的想法到逐渐形成自己的教学风格，开的公开课级别也逐级上升。1996年7月，我受到邱学华老师的邀请，到山东省龙口市为全国尝试教学研讨会上了一节研讨课，获得了与会人员的好评。

我常常对年轻教师讲的一句话是："谁开课，谁受益。"许多教师在新课程实验中的成长也验证了这句话。新课程实验的实施，给教师提供了更多的锻炼机会，许多学校出现了争着上公开课的情形，因为教师们已意识到这是一个展示自我、锻炼自我的机会。实践表明，抓住机遇积极承担各种"公开课"任务的教师，在这个过程中得到了锻炼，加快了成长的脚步。

面对各种对"公开课"的批评指责，我想说的是："公开课"本身没有错，错的是我们赋予了它太多外在的、表面的东西。我们需要探讨的是如何使"公开课"更好地发挥出它应有的作用，而不是简单地把它扫地出门。无论何时，我都坚持自己的观点："公开课"是教师成长的助推器。

2.3 "名师"与"好老师"

回老家，照例要去拜访一下"王特"（《"王特"轶事》中的主人公），这是一位小学语文特级教师，也是一位德高望重的老前辈，虽已退休，但仍在为小学语文教研工作发挥着余热。他为人坦诚，对事豁达，从这位令我尊重的老前辈身上，我总能汲取到许多营养。

这次"王特"讲了一件事。他看到一篇小文章，题目已忘，内容大概是这样的：作者是一位成功人士，在女儿上小学时有能力挑选班级，他为女儿选了一位别人并不看好、相对比较年轻的老师，并且一直为自己的选择而高兴。当女儿升到四年级时，这位老师评上了特级教师。作者有一段时间非常神气，遇到人就说起这件事，大有一种慧眼识英雄的气概。当然，能成为特级教师必定是在某个方面有比较突出的成果，作者能在四年前就看到这位老师的潜质，说明他也是眼光独到的。

然而，有一天，女儿回来对他讲了这样一件事。"我们老师现在上课经常生气，有时会说'反正我特级评上了，也不想再努力了'……""我们现在都很怕老师了。"类似的事情不是偶尔发生的。这位作者开始反思一个问题：难道成了名师，就做不了好老师了吗？

在教师这个庞大的队伍中，只有先做一名好老师，得到社会、学校的认可，才有可能通过各种评选，最终成为一定范围里的名师。在当前的形势下，名师并不是很容易当的，许多地方对特级教师、学科带头人、名师工作室成员都有明确的要求。如果没有相对较高的能力，就很容易为名所累。

王老前辈讲的这个事例也许只是个例，大部分名师在师德、师能方面都是得到认可的。而且，名师们一般都有较强的人格魅力、较高的教育智慧，因此不会在学生面前说那些损害自己形象的话语。

当然，这个事例也足以引起我们反思。成为名师是需要相当的实力，也是需要一定的机遇的，不是所有人都会把它当成自己的奋斗目标。但成为一名好老师，却是每个老师都应该追求的。

在新的形势下，好老师的内涵也在发生着变化，不再是指那种眼光只盯着学生分数的老师，而是指那些能理解学生、走进学生的心灵、让学生不仅学到知识更提升思想的老师。当好一名"好老师"不是一件容易的事，需要我们有高度的责任心，不断地提升自己，追求教学相长。

"王特"对年轻教师从来不说教，而是通过有意无意的聊天，引发他们的思考。这次简短的谈话使我对今后要走的道路又有了更明晰的方向。

看淡"名师"，追求做"好老师"。我告诫自己：要努力！

2.4 让教育还原为本色的教育
——叶澜教授言行感悟录

叶澜教授是中国教育学会副会长、华东师范大学基础教育改革和发展研究所所长，祖籍福建南安。她主持的新基础教育实验 2001 年曾在南安设立五所实验校，每年她都会带着一个研究团队到各所学校指导，深入课堂听课。

由于事务繁忙，每次研究团队都是来也匆匆，去也匆匆，目的只有一个，就是深入课堂听课。五所学校，一般每所学校安排半天，但因为实验学校分布在全县五个乡镇，于是，那几天基本上是早上六点多就从南安县城出发，到了一所实验学校，分成几个小组各听两节课，然后集中进行评论，研究团队中的各学科负责人就听课中存在的问题进行汇报，最后叶教授对自己观察到的学校变化及课堂听课现象进行点评。这个时候往往是我最期待的，我恨不得带上一个录音笔，把叶教授的每句话都录下来，因为她的话语富有哲理，富含智慧。一所实验学校的研讨活动结束后，简单吃过午饭便马上赶往第二所实验学校，一天的活动结束后回到县城，已是八九点钟了。一个年已古稀的老人，对事业仍然如此执著与充满激情，这种精神感召着每一位跟随她参与活动的人。

"新基础教育"的宗旨是"要从生命和基础教育的整体性出发，唤醒教育活动的每一个生命，让每一个生命真正'活'起来"，提出了"三个转换"、"四个还给"、"课堂教学七条"、"班级建设七条"。叶教授的评课，始终围绕着这些目标剖析问题，用她的话说就是："我们就是来捉'虫'的，找到问题就是找到发展的空间。"

"新基础教育就是让教育还原为本色的教育，就是尊重、实践教育规律。"叶教授也是这样一个本色的人，她谢绝了领导的接待，只是因为想早点休息，第二天能保持好的状态到实验学校去听课，她指出问题时不留情面，她勉励校长们"不要把校长当官做"。作为中国教育学会的副会长、学术界的权威，她把研究之根扎在最基层的课堂中，她的虚心、真诚、敬业，是值得许多专家们深思的。

叶教授到实验学校，一看课堂教学，二看班级建设，把教学与育人结合起来，这也是新基础教育的成功之处。针对班队课大多让学生表演课前准备的节目，叶教授提出："主题班会要成为孩子们真实的生活，不能要求孩子光说背出来的话，而要让他们说自己心里蹦出来的话，说自己心里流淌出来的话。"针对班级文化建设，叶教授提出"墙壁是学生生命的外化"，要好好把教室布置成学生学习成长的家园。"孩子表现出来的并不完善，但他有他的美，美就美在他的幼拙。""要想让一片空地不长荒草，唯一的办法是给它种满庄稼。让我们齐心协力在孩子们的空地上播撒善良、博爱、宽容的种子，那么，他们一定能结出累累硕果。"

对于教育，叶教授更希望教师们把它看成是生命过程，她说："对于教师而言，课堂教学是其职业生活的最基本的构成，它的质量，直接影响教师对职业的感受与态度、专业水平的发展和生命价值的体现。""每天的工作过程中有成功、创造和发现的喜悦，教师的职业生涯才会成为重要的生命体验，教师才能感受到生命的欢乐和享受。"她希望教师们把教育看成是一项事业，而且要做到在成事中发展，"人都是在成事中实现着自己的发展，在成事的过程中，如果没有意识，便会成为成事的工具，没有发展；有意识便是成事的主人，他就能发展"。

面对当前教师们普遍怕写作的现状，叶教授这样说："实验教师不要整天忙于事务，时间是最厉害的腐蚀剂，它会把一些独特的感受销蚀殆尽，不要怕自己不会写，哪怕是随记，也要把观念的变化记下来，要给自己规定写作的时间。"每当自己懈怠时，我都会用叶教授的这段话来勉励自己。

已经好几年没见叶教授了，但从网上的活动图片中我仍然感受得到她的热情与激情。叶教授经常说："普通中小学是整个中国教育的基石，是孕育中华民族未来的摇篮。"为了使基石更为坚固，我们能做什么？我们应该怎么做？也许，从这位可爱可敬的老人身上，我们能找到答案。

2.5 教育需要一份静气

我在浙江名师朱华贤的博客上读到过这样一段话："教育需要宁静，教学需要沉静，良师需要恬静。浮躁、聒噪、喧闹是搞不好教育的，也是不可能孕育教育大师的。"这让我产生了许多感想。

教育需要宁静

教育是一项育人的工程，"象牙塔"是许多人对学校的比喻。有人说，如果这个社会上还有一块净土，那可能就是学校了。而如今，学校这块净土也正在受到冲击。浮躁、急功近利的社会风气也正在慢慢渗透到校园中，让许多教育者没办法静心做教育。检查过频、规矩过多，让许多教育管理者只能戴着镣铐跳舞。各项人事改革制度意在促进教育的发展，但各校校情不一，管理者水平存在差异，导致一些非常尖锐的矛盾产生，甚至使得校园里充斥着骂声，这与学校应有的氛围是不符的。让教育多一份宁静，只能寄希望于管理层面。整个社会正在越来越重视孩子的教育，希望能给校园多营造一些宁静的氛围。

教学需要沉静

我认为这句话的意思是教师需要有思想，能坚守自己的教育主张。自课改以来，新理念层出不穷，一会儿合作学习，一会儿探究正热。这些新的理念都没错，错的是把它们贴标签，不分场合地应用在各种课堂中。课堂需要学生动起来，而这个动并不单纯指肢体上的动，主要应该是指思维方面、情感方面的动，是师生之间的互动。因此，教师需要沉下心来，思考哪些是自己应该坚持的，哪些是应该摒弃的。从一堂课来看，既需要学生的动，也需要有一段时间让学生静静地思考，对动静之把握正是考验教师教育智慧的一把尺子。从教师的成长来看，也需要一份沉静，才不会使自己迷失在众多理论中，以至产生"新课程，你说我应该听谁的"之感叹。

良师需要恬静

有很多同行，到了某个场合，一举手一投足就有人问道："你是不是当老师的呀？"不用说，这些同行那种由心而出的恬静就写在脸上。当一个人发自内心地爱着别人的孩子，当一个人每天都面对着天真淳朴的心灵，当一个人想恬静时，他是可以做到的。恬静，从外表上来说就是穿着得体，举止文雅。因此，有些衣服在社会上能穿，在校园里则不一定合适；有些话语，在社会上能讲，在孩子们面前则应有所顾忌。恬静，更重要的是要体现在内涵上。我总以为当教师是一项修炼的过程，在这个过程中，只要你真心热爱这份工作，你就能接受琐碎而平凡的日子，并过出快乐来。在物欲横流的现实社会中，诱惑不可谓不多，但只要内心澄明，就知道哪些是自己想要的，哪些是自己能要的，不为虚名所累，只求日子踏实。听从自己的内心，每个人都可以恬静。

教育需要一份"静"气！但愿为师者都能够拥有。

第5项

全面学习

　　学习，对于教师来说，是一件与呼吸一样重要而又自然的事情，因为学习是教师精神成长的必经之路。学习，可以带来教师视野的融合，带来人生经验的增长。一位善于学习的教师，一定会深谙为师之道：教师的微笑、耐心和睿智，永远是孩子心中一道最美丽的风景。

1. 网络之旅：拓展学习的方式

1.1 走进网络交流

> 让我怎样感谢你，当我走近你时，我只想拾取几片树叶，你却给了我整片森林。
>
> ——题记

2003年3月，我的小站——小数教研网，正式在网上安家了。当时，作为教研员，我在教研工作中发现，尽管经常下乡研讨，但仍然觉得跟教师接触的面不够广，不能及时了解教师在实验中遇到的困惑，不能及时与基层教师探讨教育问题。于是，我萌发了自己办网站的念头，利用网络便捷的沟通、联系手段，为广大一线小学数学教师提供一个学习、交流、研讨的平台，从而拓宽教研时空，达到改进教研工作、提高教研效果的目的。

我把办网站的宗旨定为"传播教育信息，探索教育规律，交流教育经验"，在网站中开辟了教育文摘、课改专栏、资料中心、教研散记、案例交流、美文专辑、留言板等栏目，并在各个栏目里添加了相关文章。有了这个网站后，每当看到一篇好文章时，我都会非常兴奋，赶紧将之放进教育文摘里，让更多的教师能够分享；每当下乡研讨发现典型问题时，我都会及时把自己的感受写在教研散记里，以引发更多的教师共同思考；每当看到教师们的留言时，哪怕再忙、再累，我也会及时回复，谈谈自己的看法，因为我知道这是他们对我的信任。2004年4月，我进行了网站改版，努力使新网站功能齐全、内容丰富、页面精美。

现在，只要在百度、GOOGLE、中国搜索等搜索频道输入"小数教研网"，就会跳出很多相关信息。当时，网站收录了相关文章近千篇，注册用户已达1700多人，访问人数已超10万人次。如果说最初制作网站可能出于兴趣，那么后来这已成为一种责任，一种把它做得更好以回报教师们的支持与鼓励的责任，因为有越来越多的教师熟悉她、喜欢她、需要她。后来，由于工作调动我暂时关闭了网站，但这段经历无疑是我人生的一笔财富。

"博客，让人在浩瀚的网络世界里圈一块地，搭一个温馨的小屋。" 2005年10月，我建立了个人教育博客。我设置了教育随笔、案例课例、学习笔记、生活味道等九个栏目，把自己的学习心得、工作体会、教育思考、生活感悟记录下来。我把重心放在了教育随笔栏目，因为我清楚这是一个教育博客，应该与一些自娱自乐、哗众取宠的博客有所区别。自从有了博客，我就有了一种期待分享与被分享的愿望，我发现自己思考得更深了，记录得更勤了。于是，《智慧，是可以分享的》、《教育，能不能是幸福的》、《思维在争论中走向深刻》等一篇篇随笔上传到博客中。2006年8月份到北京参加"全国暑期中小学教师远程培训活动"后，我写了《学习可以自己做主》、《放手才能长大》、《先谈谈你的看法》等北行系列随笔，共12篇。时间一长，客人越来越多，很多朋友留下了温馨的鼓励与祝福，而这又使得我更加用心地学习、思考、记录。建站以来，我一直努力经营着这个属于自己的精神家园。"日志总数430，评论数量2715，留言数量299，访问次数52830"，这些数字可以见证我的付出。在当时的成长博客排名中，我的日志总数、评论数、留言数、日志精华数都排在前列，我的博客成了推荐博客、博客之星。更让我惊喜的是，我的文章得到了一些编辑的关注，《数学仅仅有"生活味"够吗》被《中国教育报》采用并发表了。但我觉得，博客排名、文章发表并不是最重要的，对我来说，来自网友们的认同与鼓励更让我的心里充满阳光。有一次，一位网名叫梧桐秋雨的老师给我留言：

> 李老师，这学期我也成了实验教师，从教这几年来从没有这么多的困惑、压力和挫败感，我变得越来越不相信自己。上起课来觉得力不从心，课堂活跃不起来，课堂纪律组织不好。课改让我感觉很累，也许这真的是一个学习、锻炼的机会，可我常常觉得它是一种负担，每天面对两个班一百多个孩子，回到家里还要照顾调皮的小女儿，我真的有点受不了。看了你的"教研散记"，心里有些触动，很多人都很忙，

也很累，也许我该做的不是抱怨……

这个留言让我很感动，我给她回复道：

  梧桐秋雨网友：正如你说的，我们应该做的不是抱怨。也许我们不能改变环境，但是我们可以改变自己的心境。作为一名女教师，可能这个阶段是最累的，因为学生和孩子都需要自己，我也是这样走过来的。让自己的心情好起来，你会发现忙也是一种幸福。祝你和你可爱的小女儿一起伴着课改成长！

网络是虚拟的，但通过网络传递的情感却如此真实、真挚！

1.2 推广网络教研

  在参与网络教研、经营教育博客的过程中，我越来越感到网络在促进个体反思、同伴互助、专业引领三个方面有着得天独厚的优势。于是，除了自己乐在"网"中，我也在思考如何让更多的老师走进这个队伍，体会到网络的精彩，在网络中得到更快的成长。

  "能与博客相识、相知，今天，我特别想感谢进修学校的李玲玲老师。三月份，我收到玲玲老师的邮件，里面有为我们学校申请的博客，还有留言：'如果能把你们学校校刊的内容放到上面，就丰富了。希望它能成为一个很多人喜欢的精神家园！'点击进入'厚德家园'，清新而充满朝气的页面跃入眼帘，我试着按照操作的程序发表了一篇文章，没想到竟这么简单。"

  这是南安市厚德中心小学张月芳老师在全省校本教研现场会上的经验介绍《因博客而精彩》中的一段话，也是我用我的方式宣传教育博客的见证。

  同时，我积极地向领导宣传教育博客的特点及其在校本教研中可以实现的效果。于是，在领导的重视及福建师范大学课程中心的协助下，南安市教师博客群组成立了，并分别召开了全市中学、小学网络教研现场研讨会，我在两场会议上都做了关于网络教研及教育博客的专题介绍。教育局陈进兴局长率先建立了个人博客，有了领导的示范作用，群组的队伍不断扩大，"行走方圆"、"菊香淡淡"、"潺潺流水"等一个个充满生机与活力的精神家园相继诞生。2006年5月，全省校本教研工作现场会议在南安市召开，我与其他两位老师分别从全市、学校、个人三个不同层面作了经验介绍，我汇报的是《借助网络平台，拓宽研修时空》，主要是介绍南安市在网络教研方面的探索，特别是运用教育博客提高校本教研实效的做法，省教育厅刘平副厅长、福建师范大学教师教育学院余文森院长都给予了充分的肯定。

再次成为一线教师后，我仍然坚持运用网络开展交流与研讨，仍然抓住机会推广网络教研的优势。2010年，我校"基于网络环境下的校本研修有效策略研究"课题获得中央电教馆立项，作为课题的具体负责人，我在学校组织老师利用网络平台学习与交流，比如借助网络推荐阅读、建立学校QQ群、策划并组织"相约星期三"的网络研讨活动，等等。

在网络建设方面，厦门的硬件建设应该是很好的，具备开展网络教研的条件。厦门的网络教研有一定的基础，但发展不平衡，据了解，同安区的论坛教研做得不错，如果能将之拓展到全市，方式再多样化一些，让更多的教师在网络上形成一个个研究共同体，不是很好吗？

期望会有那么一天，而且不很遥远。

1.3 借助网络，我们可以走得更远

很多网友都有这样的感受，现在，只要几天不上网都会有点不习惯，出差时最牵挂的竟然是自己的博客。为什么一个虚拟的世界却有如此的魅力？我想，是因为在这个沟通无局限的虚拟世界里人们能够互相分享，互相关心，互相鼓励，互相传递真实、真诚而又真挚的情感。屏幕是冰冷的，而透过屏幕我们分明能触摸到一颗颗热情而真诚的心灵！几年前，我经历了一次并不轻松的选择——离开原来熟悉的环境重新当起了一线教师，这期间我痛苦过、迷茫过，是我的网友们以我能读懂的方式鼓励着我，祝福着我，使我很快在新的岗位上重新寻找到工作的快乐。每当心情烦躁时，我就端一杯清茶坐在电脑前，在博客里对自己倾诉，或到博友家读读文章、听听音乐、说说心事，这让我发现博客真的成了心灵的栖息地，在这里不会觉得孤独！

几年来，除了经营博客外，我还担任了福建师范大学网络学院教师远程培训中心的数学学科指导教师，负责培训学员的在线咨询与研讨工作；被北师大课程研究中心聘为基地博客指导教师，与全国各地使用北师大版教

材的同行进行在线交流；还负责课堂教学网论坛的版主工作，在"教学110论坛"上开设了个人专栏；同时经常参与小学数学论坛的研讨活动。特别值得一提的是，我担任北师大版数学教学任务，在教材版本多样化的现状下，我常常为碰到问题却缺少交流伙伴而苦恼，是网络使我不出家门就能得到教材编写者的指点，就能与全国各地的同行们进行交流。同时，我还积极反思，及时记下自己在教学中的收获与困惑，并把这些作为研讨的素材。通过研讨交流，许多问题逐渐清晰，不仅提高了解读教材的能力，也为使用教材的后来者们提供了一些借鉴。在2006年新世纪教材总结表彰活动中，我的两篇文章分获一、二等奖，并且我被新世纪教材编委会评为优秀教师。2007年，我被福建师范大学课程研究中心评为网络教研先进个人。网络教研中的一些思维碰撞经常给我写作的灵感，几年来，我有六十多篇文章先后在CN刊物上发表。这一切，都是在网络中无心插柳的收获！

　　网络拓宽了我的知识视野，开辟了不受时空限制的教研新途径。走在网络教研的路上，我最大的收获是结识了许多来自全国各地对教育有着执著追求的老师们，我们在网络中交流经验，分享智慧，他们给予了我很大的支持和鼓励。网络在我和来自全国各地的老师们中间架起了沟通的桥梁，我和许多老师虽然未曾谋面，却成了知心的朋友，这也成为我的一笔人生财富。

　　写到这里，我突然想起了邓丽君的歌《我只在乎你》：如果没有遇见你，我将会是在哪里，日子过得怎么样，生活是否要珍惜……我想，如果没有网络，我的生活可能会更悠闲，但一定会少几分品位，少几分厚重！

　　网络，是一种新的行走方式。借助网络，我们可以走得更远！

2. 读与写：一种丰盈的幸福

2.1 阅读，在精神上实现突围

"阅读会帮助教师至少在精神上实现突围，会让教师看到世界的阔大与丰富，看到生命存在的多样性与不同的生长密码，看到生活的意义不仅在于教育本身，更在于感受生命成长的快乐和价值。"（闫学语）在功利味道越来越重的现实中，教师更需要用阅读来润泽心灵，使自己找到精神的乐园。这无论对于教师，还是对于学生，都是重要的。"滋养心灵 提升力量"，教育阅读，能让教师在精神上实现突围。

美丽的风景，美丽的故事，美丽的相遇！一次共同体读书活动选在中山公园北门附近的水岸咖啡厅。曾经去过一次那里，对那儿的一句广告语特别有印象——"最适合谈恋爱的地方"。对于一群大多心如静水的人来说，来这个地方似乎有点不合适。不过，当时没有觉得不自在，与思想谈一次恋爱当是一件更美好的事情吧。

这次阅读的书目是《第56号教室的奇迹》，这本书是我推荐的。第一次接触这本书是在寒假，偶然在网上读到电子版，刚读第一章就被吸引了，而且觉得这是一本不能独享的书，应该推荐给更多的老师。于是，开学后，我将它推荐给老师们阅读。后来有老师建议说买书，因为在电脑上读不是很舒服，而且不能边读边记。于是，老师们自发报名，前后买了将近50本。这本书能得到老师们的认同，我觉得很欣慰，并思考着如何把读书交流会办成让老师们期待的一种教研活动。

《第56号教室的奇迹》一书的作者雷夫老师几乎是通才，在一个班里教授语言、阅读、数学，指导学生排练歌剧、演奏乐曲，每年带学生外出旅行，在班里试行班券,学生必须为班级付出来获得相应的报酬,以此培养学生的经济管理能力。他的学生大多是移民,他通过自己的努力使他们很快适应了环境,并使他们成为受主流社会欢迎的人。

教育环境的不同,使得我们必须谨慎地阅读这本书。"雷夫老师如果在中国,是不可能作出这样的成绩的。"这是部分读者的心得。雷夫老师的魅力,使得孩子们每天提早到校,放学后留下排练歌剧。虽然是学生自愿的,但每天在校超过十个小时,在中国是不现实的。"虽然我们不可能像雷夫老师那样疯狂,但我们仍能感受到教育有许多潜在的可能。"也许,这样的想法会让我们从雷夫老师身上学到很多东西。

"我想,我们可以做得更好!"这句话在书中出现过许多次,我感觉这也是这本书的核心价值。在面对不很乐观的现实时,如何做到不抱怨,用平和的、理性的态度尊重事实,然后从自己能改变的地方做起,这是处于职业倦怠期的教师们可以思考的。"心存感恩,不急不躁,不怨不责。""瓶子"(一个老师的网名)已修炼到不亚于雷夫的境界,所以有这样的发自内心的感悟。

"思想如同降落伞,只有张开时才能发挥出作用。"一个人的思想决定着这个人的行为,这是生活的真理。在这个充满喧嚣、功利的环境中,要知道自己需要什么,其实并不是一件容易的事情。许多时候,我们迷失了,所以痛苦。雷夫老师是一位出色的教学者,更是一位高明的心灵导师,他在人格、信念上对学生的引领,其实也是对年轻老师的一种启迪。而我虽已不很年轻,但依然可以从中汲取力量。

其实,这本书对于教师寻找自己的成长之路更有启示意义。因为作者传递着一种理念——心存理想、扎根实践、捕捉问题、寻找出路,而这正是教师成长的必由之路。

关于教学,关于成长,关于读书,我想,我们可以做得更好。

2.2 写作,让阅读更有深度

教师可以通过行动研究促进自身的专业成长。教师的行动研究具体包括教师学习、教师研究与教师写作。教师学习是教师研究的基本前提,教师写作是教师研究的动力。没有教师学习,教师就不可能获得发现问题和解决问题的眼光，教师的行动研究也就不会开启。没有教师写作，教师就不可能获得他人的建议和意见，行动研究也就不会走得太远。在阅读过程中，我常常敲动键盘，记下自己阅读过程中的感受。

从"三不"老师身上我们能学到什么

浏览《厦门晚报》，被一则与教育有关的新闻吸引住了——《武汉"三不"老师"征服"厦门同行》。虽然没有亲临现场，仍可以感受到何文浩老师给听众带来的震撼力。

当今许多高中老师对学生做思想工作时经常这样说："要想考清华北大，每天只能睡三个小时；要想考厦大，每天只能睡六个小时。"除了吃饭、上厕所，学生几乎都埋在作业堆里了。而何老师不布置作业，他的学生却能考出好成绩，看来，有效果才有发言权，这也是何老师能坐在讲台前对师生侃侃而谈的资本。

"不带教材，不备课，其实不准确，它们都在脑海里。"何文浩说，他从不按教材顺序讲课，每章每节互相渗透，只讲精华部分。至于为何不给学生留作业，何文浩也有自己独到的见解：减负就是要减掉无效的、重复的劳动，消除学生的心理压力和课业压力。"并不是在文山题海中才能有成绩。"他说，上课就像上战场一样紧张有序，当堂完成作业，就不占用学生的休息时间。"要给学生一杯水，自己就得准备一桶水。学生减负了，老师就得增负。教师一定要熟悉教材，不断学习，不断探索，有真才实学才会受学生欢迎。"何文浩说，这才是教好学生的真正"秘诀"。

"上课不写教案、不带教材、不布置作业"，这是表面上的"三不"，其实说明何老师已修炼到无招胜有招的境界了。不写教案不等于不备课，不带教材是因为教材都在心中（甚至连什么内容在哪一页都能马上说出），不布置作业是因为当堂完成了。有着41年教龄的何老师长期教高三毕业班，自然对高中的学科知识了然于胸。而高三最重要的任务就是迎接高考，所有的事情都是围绕这根指挥棒转，因此，课堂上必然是以练为主，何老师能在一堂课上讲解8道例题，而这是普通老师三节课的教学内容。

虽然小学与高中存在较大差别，但我们仍能从何老师身上学到许多东西。

首先，入一行，爱一行，专一行。何老师作讲座时后面的黑板上写着"终生追求上一节好课"，朴实的一句话蕴涵着深刻的道理。这与苏霍姆林斯基"用一生的时间备好一节课"的思想是一致的。既然入了教育这一行，就要让自己喜欢上这份工作，静下心来学习、思考一些问题，让自己在所教学科中做到游刃有余。

其次，把减负提效当作自己教学研究的着眼点。当前，学生的负担问题引起了各方面的重视，但要一下子改变当前学生负担重的现状是不大现实的。学生的负担来自两个方面：一是看得见的负担，比如作业量大；另一个是学生没有学习兴趣，此时，即使作业很少，对学生来说仍是很重的负担，这才是最严重的，但又很难衡量。教育是慢的艺术，但是当前的教育功利心太强，老师们很多时候是在戴着镣铐跳舞。

尽管如此，我们还是要尽可能舞得精彩一点。何文浩老师就是一个例子，他提出的当堂完成作业与洋思中学、杜郎口中学的经验，以及余文森教授主持的"指导—自主学习"是异曲同工的，值得我们借鉴。我在教学实践中一直尝试着落实这项理念，但总是没办法做得彻底，小学一堂课一般是40分钟，而我们学校一堂课是35分钟。在有限的时间里要引导学生探究、交流，所以经常没办法保证作业当堂完成，这样，也就不敢放开让学生自学。

学无止境，同样，教学的探索也是无止境的！

3. 共同体学习：新的做学问之道

共同体原本是一个社会学概念，现在越来越多地出现在教育领域中。将共同体理论引进教育实践、构建教师成长共同体，是整体推进教师专业成长、提高区域教育教学质量的有力保障，是新时期促进教师专业成长的有效途径。

3.1 关于青年教师成长共同体

厦门青年教师成长共同体是一个民间教师团队，成立于2008年6月9日，首倡者为福建省厦门市教科院段艳霞老师，成员以厦门教师为主。四年多来，他们每两个月同读一本书，举办一次读书会，建立共同体博客、QQ群，使面对面交流与网络研讨互为补充，使"学习、研究、合作"成为共同体成员的工作方式。共同体还鼓励成员根据自己的兴趣发展新团队，目前已催生出"蒲公英快乐妈妈成长营"、"凤凰树读书俱乐部"等新的共同体。

特区的闹市，寒冷的冬夜，一群人从外文书城走出，边走边谈，大有意犹未尽之感，他们做什么事情了呢？"赴心灵之约，寻教学勇气！"这是他们这次活动的主题，而这，只是他们读书活动的一次缩影。他们这个团队有 个充满朝气的名字——青年教师成长共同体。

共读经典，寻求幸福

"教师的专业成长需要多元的平台，而这个团体就是其中一个。"主要发起人段艳霞老师说。还在学生时代，段艳霞就接触到了类似"共同体"的民间团体。1999—2002年，她在厦门大学高教所读书，三年里每周六晚上，她基本上都是在高等教育学泰斗潘懋元先生家的"周末沙龙"里度过的，这段经历让她很怀念。在厦门教科院工作期间，她又接触到了一些基层学校的读书会，深感读书对于教师成长的重要作用。于是，一次在与几个基层教师聊天时，她成立共同体的想法马上得到大家呼应。

2008年6月9日，在厦门大学美丽的校园一隅，五六个年轻教师聚在一起，举办了第一次读书交流活动，"青年教师成长共同体"（以下简称"共同体"）宣告成立。四年来，共同体举办了各种各样的读书活动，大家共读经典名著，分享彼此的心得。有了团队的引领与促进，大家走进了《学记》、《大教学论》、《教育漫话》、《斯宾塞的快乐教育》、《第56号教室的奇迹》、《教学勇气》等教育书籍。

除共同阅读外，共同体每次活动还会邀请一些教育前辈或专家、名师，作为成长的引导者。厦门教科所原所长徐报德老师，已经八十有余了，却是共同体活动的积极参与者，他称共同体是自己的"精神养老院"；厦门市教育局任勇副局长在参加活动时，也用自己的成长体会勉励大家坚持走研究之路。

"通过阅读，寻找力量，让自己行走在教育的幸福大道上。"这个愿景，越来越得到共同体成员的认同，也正吸引着越来越多的年轻教师参与。正如"80后"教师罗旭丽说，共同体就像一扇窗，帮她打开了一个世界，团队中的每一个成员都是她的榜样，几年来，自己一点点在积累，一点点在成长。

思想绽放，自由成长

如果用一个词来形容共同体，很多人都会不约而同地想到"自由"。正如发起人之一、厦门实验小学刘胜峰老师所说的，"共同体"最大的特点，是活动自由，发言自由，思想观点自由，没有对与错，只有更合理、更科学，这是最吸引人的地方。

共同体的自由，还体现在大门随时敞开，欢迎一切想来之人。于是，共同体从最初的五六个成员已发展到现在的十几个核心成员、几十个参与者，每次活动都有新的面孔出现。"没有负担地读书，来了都会有收获。"也许，正是这自由而又带有浓厚学术味道的共同体氛围，让它赢取了越来越多的人的芳心。

以下是共同体的一次活动预告——

主题：盘点成长　规划未来
时间：2011年1月25日（周二下午）14:30—17:30
地点：白鹭洲广场北侧"阅读着"咖啡厅
沙龙内容：

1. 阅读1月7日晚沙龙实录内容，选择一两个最令自己感动的事件或对自己启发最大的观点，发表对"生命自觉"的看法与认识。
2. 交流"共同体"一年来的收获及2011年规划。
3. 交流个人一年来的收获（从外在和内心两个角度），畅谈个人规划的方法。

沙龙议程：

1. 介绍活动缘由及嘉宾。
2. 热身游戏。
3. 主题讨论——针对议题讨论。
4. 总结提升：每人以一句话或一段话来总结参与本次活动的感受、收获或建议。

沙龙组织与主持者：段艳霞
特邀嘉宾：

1. 厦门大学社会学系易林博士
2. 厦门市教育学会徐报德老师
3. 厦门市教育科学研究院苏文木
4. 厦门市教育科学研究院庄力群

备注：参与沙龙活动的成员需按照AA制，交纳少量的茶水费，特邀嘉宾由共同体公共经费负责。

这样的活动并非行政要求，因此没有经费来源，大家已习惯在每次活动后按AA制交纳少量茶水费。哪位成员有了稿费收入，也会非常高兴地拿出来充当下次活动的经费。

快乐，因分享而丰富许多。

播撒种子，期待发芽

"我们的每一次活动都像在播撒种子，至于这些种子什么时候发芽、什么时候开花、能不能结果，不做具体的要求。"这是组织者段艳霞老师多次重复的一句话。

虽不刻意，但一些种子分明已经发芽。四年多来，共同体的活动内容逐渐丰富，活动形式更加灵活。从教师阅读到亲子阅读，从面对面交流到网上网下互动，"读书、研究、合作"越来越成为共同体成员的生活方式，而一些成员也"孵化"出了自己的共同体。在一次活动过后，有几位成员说自己晚上失眠了。"那是你在拔节了。这是快乐的痛苦！"段艳霞老师的分析，赢得了大家的喝彩。

湖明小学语文老师杜文斌是"共同体"的"铁杆"成员。他致力于儿童早期阅读的研究与推广，在每周五、六晚上7:30，他一定会准时到外文图书城为孩子们讲半个小时故事，"小杜叔叔讲故事"成了书城的一个公益活动品牌。"没有这个团队的支持，或许我现在还游离在研究之外，不可能坚持下来。"而小杜自己在坚持的过程中，也有了许多收获。

在没参加共同体之前，潘品瑛老师只是众多平凡而忙碌的班主任中的一员，在团队成员的启发与鼓励下，她成立了"蒲公英快乐妈妈成长营"，目前已组织了多次活动，不仅自己读书，还通过组织妈妈读书沙龙，推进亲子阅读。尽管这样的活动要占用太多业余时间，但每次谈到活动的感受她都很惬意，那种内心的满足，可以化解许多疲困。

邱凤娟老师说，参加工作两年多来，自己一直处在矛盾中：矛盾于自己心中的理想和现实状况之间的差距，矛盾于问题孩子和问题家长，矛盾于自己的付出和收获之间的不平衡……在参加活动的过程中，她的这些矛盾被慢慢纾解了。"我被他们身上的热情感染着，他们不仅仅是在教书，更重要的是他们带着思考在学习，在教书育人。"

分享成长，也是共同体活动的一项重要内容。笔者通过了省学科带头人的认定，李玉影老师获得了省优秀教师称号，刘胜峰老师获得了省教师技能大赛一等奖……对成员们取得的这些荣誉，段艳霞老师总会及时通告："虽然不能说是共同体使他们获了奖，但我们非常愿意分享大家的成长。"这种分享，使大家渐渐走出对无法改变的现象的抱怨和纠缠，更愿意维护共同体温馨向上的氛围。

　　大学校园、咖啡屋里、平静的湖边，美丽的风景，美丽的阅读，心底的惆怅与无奈得到过滤，踏实与从容于心头升起。生命在拔节,教育更美丽!

3.2　相约星期三，我们在研讨

　　互联网打破了教师互相隔绝的现状，建立基于网络的区域教师成长共同体，教师就可以超越时空限制，通过网络与专家和同伴进行合作，开展持续的交流磋商，从而形成互相合作、共享问题、共分喜悦与共担忧虑的一种以教师为中心、寻求自主发展的新型教师专业发展模式。我们推行的"相约星期三"网络沙龙，就是促进教师成长的有效共同体。

　　每周星期三下午，我校有近一个小时的教研时间，由教研组长组织。时间的限制使得研讨没有办法深入开展，于是想到借助网络不受时空限制的优势，弥补常规教研的不足之处。因此，"相约星期三"应运而生。

　　"相约星期三"的研讨话题面向老师们征集。"如何面对学生课堂上讲话的现象"、"怎样提高课前三分钟的质量"、"怎样提高学困生的转化效果"，等等，都是老师们提供的话题。

　　在研讨过程中，由一个话题再生成几个小问题，然后开展讨论。比如，"如何面对学生课堂上讲话的现象"被分解成了三个小问题:(1)学生课堂上为什么会讲与课堂无关的话？(2)遇到学生讲话,您是怎样处理的？(3)如何培养学生的倾听习惯？基于几次网络研讨主持经验，我组织大家围绕几个小问题进行交流，这让研讨过程更有序。

　　在教师会上，学校领导阐述了活动的意义，鼓励老师们积极参与。当天晚上，从7:45开始到9:10，近一个半小时，讨论过程很热烈，老师们畅所欲言，谈的均是自己的深刻体会。对于孩子在课堂上讲话，大部分老师都能理解，认为这是孩子的天性，我们只能引导，让这种现象减少，并不是非要杜绝这种现象。令人感动的是,很多老师反思的视角已指向自身的教学，说可能是因为自己讲的学生会了，或者是自己讲的学生不感兴趣。有了这样平和的心态，相信解决问题的好办法会多很多。

　　而对于如何面对学生讲话，老师们各有绝招，总结起来有:"暗示:一笑,二摸，三瞪；提醒：出声、让其站一会儿、提问；课后谈话；再不行，放学后训练。"而漂亮的准妈妈分享自己的秘诀说，她会指着大肚皮："嘘，小宝宝在睡觉，别吵醒他。"很多人为之倾倒。虽然这不是人人可以学的，但这种灵活运用身边教育资源的智慧却是可以修炼的。"如果在15年前刚当老师的时候有这些前辈们赐教的话，就不用把嗓子给喊哑了。"这样的感言，是不是对研讨效果的另一种肯定呢？

活动结束后，整理研讨记录，统计了参与发言的名单，共有48位老师现场参与，这还不包括一些只是潜水参与学习的人员。从活动的过程与结果来看，这样的研讨，老师们是愿意参与的，而我们需要做的，是如何让话题更贴近实际，让研讨更能指导实践。在下一次教师会上，我小结了研讨情况，并代表年轻老师感谢了分享好经验的老师。确实，有这样一个平台，可以让更多的老师分享智慧，相信大家都会有所收获。

相约星期三，我们在研讨，共同寻成长。

后记　让我们一起修炼

重温《小学数学教师5项修炼》成书历程中的那些故事，一幕幕往事浮现在眼前，猛烈地撞击着我心里最柔软的地方。心中不断浮起的是那最普通又最真挚的两个字：感谢。

应该感谢呀！1990年，我从福建省南安师范学校毕业，被分配到南安县水头中心小学，当上了一名数学教师。那一年，我不满十八岁。幸运的是，这所镇中心小学，因为有了勇于改革的吴安水校长而显得与众不同。这里，成了我成长的起点。"教师，就是要善于反思。"老校长已远去，但他的这句话仍在耳边回响。

应该感谢呀！2002年我进入南安市教师进修学校，遇到了许多可爱又可敬的同事。那是南安进入课改的第一年，那是一段"因课改而精彩"的岁月，学者型的陈进兴局长、敬业的黄侨明校长、睿智的王煌生老师……是他们让我懂得了只有"教研结合"，才能有效提升自己的专业素养。想起他们，内心很温暖。

应该感谢呀！2006年进入厦门实验小学，走进了这个"海纳百川"的温馨集体。初来乍到心生彷徨时，尤颖超老校长对我说："相信路会越走越宽。"刚到新单位两年竞聘成为中层时，同事真诚地说："你到这个岗位上很合适。"这些朴实的话语，给了我继续往前走的信心。

余文森教授和孔凡哲教授，是我成长道路上有幸遇到的两位导师。当得知我的文章将结集出版时，两位导师欣然写序，字里行间充满着鼓励与鞭策。在校对书稿的过程中，需要核对文章出处时，只要在"孔府师门"里输入求助信息，马上就会有师弟师妹帮忙查找。这些来自高校的专业支持，是我开展研究的宝贵资源。

那些虽少见面，甚至未曾见面，但却可以在网络上心灵沟通的朋友，那些生活中、工作中志同道合、相谈甚欢的朋友，得知我即将出书时，都不忘来一句"到时送我一本"。感谢你们，许多写作的灵感就源自与你们的交流。

我还要感谢我的家人。是他们，让我生活得踏实、安然，让我可以做很多自己想做的事情。

还有，朱永通和杨霞编辑，从体例到文字，耐心指点，耗费了大量心血。正是他们的无私帮助，才使本书正式出版。

当然，还有你——因书而相识的亲爱的读者。

修炼的路上，有我，希望也有你！让我们一路同行，欣赏美丽的教育风景！

图书在版编目(CIP)数据

小学数学教师5项修炼/李玲玲著. —上海：华东师范大学出版社，2012.8

ISBN 978-7-5617-9840-9

Ⅰ.①小... Ⅱ.①李... Ⅲ.①小学数学课—教学研究 Ⅳ.①G623.502

中国版本图书馆 CIP 数据核字(2012)第 187946 号

大夏书系·数学教学培训用书
小学数学教师5项修炼

著　者	李玲玲
策划编辑	朱永通
审读编辑	杨　霞
封面设计	大象设计
责任印制	殷艳红

出版发行	华东师范大学出版社
社　　址	上海市中山北路3663号　邮编 200062
网　　址	www.ecnupress.com.cn
电　　话	021-60821666　行政传真　021-62572105
客服电话	021-62865537(兼传真)
邮购电话	021-62869887　地址　上海市中山北路3663号华东师范大学校内先锋路口
网　　店	http://hdsdcbs.tmall.com/
印 刷 者	北京密兴印刷有限公司
开　　本	700×1000　16开
印　　张	13
字　　数	208 千字
版　　次	2012 年11月第一版
印　　次	2021年4月第五次
印　　数	14 001- 16 000
书　　号	ISBN 978-7-5617-9840-9/G·5821
定　　价	30.00元
出 版 人	朱杰人

(如发现本版图书有印订质量问题，请寄回本社市场部调换或电话021-62865537联系)